Rich致富*233*

藏富
我用基金賺到一輩子的財富

林奇芬◎著

高寶書版集團

致富館 233

藏富：我用基金賺到一輩子的財富

作　　者：林奇芬
編　　輯：吳怡銘
校　　對：林奇芬、吳怡銘
出 版 者：英屬維京群島商高寶國際有限公司台灣分公司
　　　　　Global Group Holdings, Ltd.
地　　址：台北市內湖區洲子街88號3樓
網　　址：gobooks.com.tw
電　　話：(02) 27992788
E-mail：readers@gobooks.com.tw（讀者服務部）
　　　　　pr@gobooks.com.tw（公關諮詢部）
電　　傳：出版部（02）27990909　　行銷部（02）27993088
郵政劃撥：19394552
戶　　名：英屬維京群島商高寶國際有限公司台灣分公司
發　　行：希代多媒體書版股份有限公司/Printed in Taiwan
初版日期：2011年 8 月
初版六刷：2011年12月

國家圖書館出版品預行編目資料

藏富：我用基金賺到一輩子的財富/林奇芬著. -- 初版.
　-- 臺北市：高寶國際, 2011.8, 希代多媒體發行,
　　　面；　公分 --（致富館；233）

ISBN 978-986-185-624-7（平裝）

1. 基金　2.投資

563.5　　　　　　　　　　　　　　100012996

藏

不是只有多頭市場才能買基金，
空頭市場一樣可以靠基金獲利。
不管市場是好、是壞，經濟成長還是衰退，
永遠有適當的基金產品可以投資。

富

—林奇芬—

林奇芬的基金賺錢智慧

《Money 錢》雜誌發行人　童再興

再收到老搭檔林奇芬社長寄來的書稿，看到書名為《藏富：我用基金賺到一輩子的財富》，讓我深感讀者有福了。長久以來，奇芬對於「基金」這門學問，擁有紮實專業知識和滿滿熱情。不只是在我們合力經辦的《Smart 智富》和《Money 錢》兩本雜誌，長期致力於基金理財的教導與分析。她更引進國際評等機構合作，提供專業的基金評等資訊，並舉辦基金獎頒獎盛事，轉眼間已經十餘年。現在每年二、三月基金獎盛會，已成為基金產業和投資人間最關注的焦點。

此外，我們經常舉辦的理財講座，和過去推動的理財顧問團活動，她經常全省各地巡迴，與讀者面對面，分享各種基金理財的知識與秘訣，也大受好評。目前更有多家金融機構邀請她為理專授課，分享投資基金的實戰經驗。而這次，她將自己理財的私房絕學拿了出來，絕對如同書名般，可以協助投資人獲得藏富人生。

一開始，奇芬率先破除一般人投資基金的十大迷思，字裡行間道出了基金老手的心得，為投資人撥開了五里之霧。緊接著，端出五大祕招的牛肉，包括三層樓基金投資法；掌握景氣春夏秋冬，抓對基金進場出場點；同時提醒讀者分辨基金產品特性，別買錯基金；以及何時該做單筆投資、何時定時定額的精準時機分享。這幾

大祕招，道盡基金投資的秘訣，讀者好好學習，投資基金即使不能百戰百勝，至少也能大大提升功力。

特別是她以「三層樓基金投資法」，來說明資產配置的觀念，真是簡單明瞭、易學易用。一般投資人只希望抓到一個好的投資機會、一舉成功，但她卻用蓋房子，首重地基穩固的觀念，來說明做好基金配置的重要性。她在書中建議，第一層樓打好地基，買保本型基金；第二層樓著重長期資產累積，以定時定額投資累積財富；第三層樓，則為美好生活做準備，可以進行一些冒險性投資。這個三層樓投資法，可說是進可攻、退可守的投資策略，我特別推薦給讀者參考。

台灣共同基金市場規模到 2011 年 6 月底達到 4.4 兆新台幣，國內、境外共同基金支數共計 1600 支，參與其中的投資人也高達數百萬人。這是個參與者眾多且資金規模龐大的市場，但是，其中懂得基金投資「眉角」、甚至投資基金長期獲利的人，還是少數。最大的癥結，是投資人沒有真正花心思去了解基金、分析基金，掌握基金。

奇芬在書中提醒，「不是只有多頭市場才能買基金，空頭市場一樣可以靠基金獲利。不管市場是好、是壞，經濟成長還是衰退，永遠有適當的基金產品可以投資。」但關鍵就在於投資人對於基金產品是否充分認識。同時，更要觀察全球經濟環境變化，正確判斷環境中的「秋天」是否來臨，及時掌握關鍵轉折點。

一本好書，在於作者的專業和用心，奇芬將自己二十多年的絕學傾囊而出，佩服之餘，更恭喜各位投資人，因為有這一本，將讓你的基金理財之路大豐收。$

投資 ≠ 賺錢 ≠ 理財！

中廣「理財生活通」節目主持人　夏韻芬

（www.money365.com.tw）

我與奇芬熟識多年，目前與她還是政大 EMBA 的同學，我們由媒體的角色延伸出理財投資的觀察，希望投資人達到藏富的目的。

奇芬擔任雜誌的社長與顧問多年，可以說是社會經濟觀察家，對於目前大眾欠缺的理財觀念，多有想法，我自己也常碰到朋友們常問的問題：「現在能不能買股票？」、「鴻海跌到 100 元股票能不能買？」、「買哪支基金比較好？」近幾年，隨著金融創新，新的問題跟著出現：「買澳幣好不好？」、「美元保單比較便宜，可以買嗎？」、「保險顧問說那支基金前景看好，我要不要轉換連結標的？」

就個人觀察，受到金融機構過度銷售，投資人理財情緒不夠成熟，加上媒體的推波助瀾，以及人性總是羨慕快速成功，期待複製別人的成功模式，於是普遍以為只要能快速賺錢就達成理財目標了。所以，大多數人經常將投資、理財和保險連結成同一件事，但事實上，並沒有人能保證投資一定就賺錢，而賺了錢後也不代表理財已經完整了。

因為不知道投資的真正目的，長花力氣再處理短線消息，對於

長期的趨勢卻視若無睹，反而陷入更深的財務泥沼和心理困惑中。

最近我調閱法院的判決，在金融海嘯之後，台灣各縣市共有230件金融爭議案件，大多數是連動式債券的告訴案，勝訴比例為23件，剛好一成，其實有更多的爭議案件在之前都已經「和解」，一般人大改拿回一成五到二成的本金，真正要走上訴訟的比例不多，而今，勝訴的比例為一成，實在低得令人揪心。

期待奇芬的新書，能夠給投資人正確的理財觀念，也希望投資人都有一套良好的投資計畫，即使在最簡單的理財計畫中，投資人都得先確認理財目標為何（提供小孩怎樣的教育？哪一種形式的退休生活？購買怎樣的房子、車子……），然後進一步釐清哪些財務安全缺口？未來有哪些財務需求（小孩學費、退休金、買房買車……）？這些缺口和需求要用什麼工具來規劃才合適？有了正確的財富計畫，才能達到藏富的目的。$

Part **1** 投資基金前，一定要知道的事

Part **2** 基金產品百百種，這一次讓你輕鬆搞懂

Part 3 不求人！馬上訂作自己的基金組合

Part 4　立刻上場，精采的藏富人生等著你

我用基金，賺到一輩子的財富

　　最近看到《Money 錢雜誌》和 104 人力銀行，針對上班族做了的一份調查，發現台灣的上班族有非常嚴重的財富焦慮症。根據調查數據，七成的上班族擔心薪水追不上物價上漲，四成的人認為自己根本買不起房子，同時還有五成的人表示，過去一年與未來一年，都沒有加薪的機會。

　　在這麼困窘的情況下，還是有 65% 的上班族，願意每個月挪出一到五成不等的資金來儲蓄，其中優先選擇的投資工具，第一名是共同基金（占 34%），第二名是股票（占 32%）。顯示雖然薪水漲幅不高，但上班族普遍希望透過投資理財，來增加自己的財富。

　　然而，想是這樣想，又有多少人真的去落實與執行呢？如果沒有去做，只是空想，財富永遠不會降臨到你身上。

做好理財計畫，人人當富翁

　　去（2010）年，我將多年的理財心得，完成了《治富：社長的理財私筆記》一書，獲得許多讀者的迴響。有許多朋友在部落格留言，表示這本書讓他們對於規劃人生財富充滿信心，也有朋友在演講會場跟我道謝，認真的說，他將書反覆看了三、四遍，內容實用

易讀，又破除許多錯誤觀念，真的受用無窮。

但更讓我開心的是，有一些朋友透過生活實踐，獲得幸福無慮的人生。

在一次金融機構的教育訓練課程之後，一個學員拿著書來請我簽名，同時也開心的跟我分享個人身體力行的良好成效。之後，她還在部落格留言跟我道謝。她說……

社長，很開心可以得到你的祝福。當你提到基金要停利停損的時候，其實我想舉手，因為我有做到。去年一整年因為沒工作又剛好懷孕，我完全沒工作沒收入，但我的生活並沒有受影響，因為理財規劃是我沒有停止過的學習。

在我還未結婚前我就百萬身價，我的收入不高，只是會理財，現在五子登科，也沒有因為新成員到來而有所影響。能讓一本雜誌影響一個人一生，也是功德無量。那天回來跟我的小寶貝說，媽咪要教你一件很重要的事，就是要治理你的財富，要學會理財。

謝謝社長，我會繼續開心理財！

公開這封讀者來信，主要目的是要讓更多上班族，對自己的未來有信心。不要擔心薪水多或少，透過有計畫的理財，人人都可以過富足人生。

人人都該買基金，不代表人人都會賺錢

我在前一本書，談的是人生的理財規劃，卻少了實際理財工具

的運用介紹。根據我的多年觀察，共同基金是最適合上班族的理財工具，因此，我在忙碌的生活空檔，特別為理財大眾寫這本書《藏富：我用基金賺到一輩子的財富》。

雖然每次遇到投資市場大修正時，總是會聽到「什麼嘛！買基金還是讓我賠大錢！」這樣的說法，投資人把基金公司與理專都罵到臭頭。但是，我仍然要大聲的說，買基金是上班族致富最簡單的工具，人人都應該要買基金。

但是，「人人都該買基金」，不代表「人人買基金都會賺錢」。因為，如果方法錯誤，買基金一樣會讓你賠大錢。就像是買股票有人賺錢、也有人賠錢一樣，投資一定是有風險的。每個人都應該買基金，但卻不能盲目的亂買，學習正確的方法，才能讓你上天堂，方法錯誤，一樣讓你下地獄。

基金理財，也要用對方法

像我最近認識的一個朋友告訴我，在 2008 年投資市場最熱絡的時候，她拿出好幾百萬資金，一下子壓在兩支基金上，一支天然資源，一支替代能源。結果市場大跌她內心驚慌失措卻不處理，一直抱著這兩支基金，到現在原物料市場雖然已經大漲一波，但她手上基金卻還在虧損狀態。

但是同樣的情況，在我身上就完全不一樣。在金融海嘯之前，除了部分定時定額投資的基金外，我已經出脫大部份的股票基金；等到海嘯之後，2009 年初我用定時定額買進一檔天然資源基金，這檔基金到 2010 年底帳上的報酬率是獲利 50%。如果我當時用單

筆投資，報酬率可高達 180%。

　　我的朋友到現在，只要一談到天然資源基金，就恨得牙癢癢的，可是，我卻在天然資源基金上賺到一筆不小的財富。差異就在於，「我懂基金與市場，她不懂」。

我用基金存到第一桶金，買到第一間屋

　　回顧我的基金投資史，已經橫跨 20 年，看過至少三波以上的多頭與空頭，對於投資市場的詭譎多變，已經有一套完整的基金投資心法，可以跟大家分享。

　　我還記得當年政大新聞研究所畢業，剛開始跑新聞時，台灣只有四家基金公司，少數幾檔封閉式基金，我算是第一批接觸共同基金的記者。之後，因為工作所需，我經常採訪國內外基金公司總經理與基金經理人，也是最早接觸海外基金的記者。

　　工作一段時間，我覺得自己的專業程度不夠，還到一家外資基金公司工作，學習判斷國際金融市場趨勢與基金投資的實務操作。那時正好恭逢 1990 年投資市場大多頭與大空頭的震撼教育，讓我對投資基金的風險有深刻體會，當年我曾靠投資東南亞基金大賺第一桶金，但後來也在能源基金上繳了不少學費。不過，我當年買的是水貨基金，算是很冒險的行為。

　　之後，我轉戰電視台工作，在忙碌的工作之餘，總是用共同基金來儲蓄，長期累積的結果，也讓我順利的買進台北市東區的房子。

　　而從 1998 到 2009 年，長達 11 年的時間，我在兩本台灣發行

量最大的理財雜誌《Smart 智富雜誌》與《Money 錢雜誌》，先後擔任總編輯與社長，這兩本雜誌都是介紹共同基金最完整權威的雜誌，我們一步一步的教導投資人，如何認識共同基金，如何做好共同基金的配置，以及各種投資基金的策略與方法，甚至我們也出版過共同基金投資總覽，與好幾本基金投資的暢銷書與專刊。長期投入這些工作，讓我對基金市場上的產品有深入研究，對基金投資更具實戰經驗與心得。

基金種類越來越多，投資人該如何挑選？

在這 10 多年時間，基金產品從簡單的幾種基金類型，到目前 30、40 種基金分類與上千支國內海外共同基金，可說是百家爭鳴。投資人可選擇的產品多元性增加了，但是，市場風險加大、產品複雜度提高，挑選基金的難度也增加。

從 2002 年開始，我推動《Smart 智富雜誌》與國際的評等公司標準普爾（S&P）合作，進行年度的基金評等與頒獎活動（目前改為與晨星 Morningstar 合作），之後《Money 錢雜誌》也與國際基金評等權威理柏（Lipper）合作，進行每年的基金評選。目前每年 2、3 月有許多基金獎的頒獎盛事，我算是幕後推手之一。

雖然目前常聽到市場上有人批評，不要迷信得獎基金，我認為這種說法也對，也不對。因為我和這些評等機構來往很多年，對於國際機構如何評選一支基金，有深入了解。但畢竟基金績效會隨環境波動與人才流動而產生變化，所以，投資人必須「知其然，更知其所以然」，才能真正掌握投資基金的祕訣。隨便跟著得獎基金

買，或是隨便批評，都是不正確的做法。至於該如何看待得獎基金，我在書中會分享個人看法。

上班族靠基金致富，最輕鬆容易

雖然多年來我買股票，也買基金，但我仍然認為基金，才是上班族致富的好工具。理由有四。

第一，強迫儲蓄，致富第一步

人總是有惰性，要靠每個月結餘存錢，難上加難。但如果每個月薪水發下來就先強迫投資，無奈中生活費用自動縮減，不知不覺錢也慢慢存下來了。共同基金最好的一個發明，就是定時定額扣款設計，專治投資懶人，同時因為分散買進，還可以享受降低投資風險的好處。只要在銀行帳戶設定好扣款基金與金額，立刻展開致富計畫。

第二，最簡單最輕鬆

不需要「日也做、暝也做」，抓住大趨勢，輕鬆賺波段大行情。買股票需要研究產業趨勢、公司營收獲利、法人進出、市場消息、技術分析……，光一支股票就有做不完的功課，而且即使忙了老半天，還不一定能掌握到完整訊息，或是一定賺錢。對於工作忙碌的上班族，下班後剩餘的一點時間，還要做這麼多功課，實在太累了。

但投資基金就輕鬆多了，只要掌握幾個重要的經濟指標，了解

全球經濟環境目前是處在成長趨勢、還是衰退階段，就可以決定基金的買賣。我強力推薦簡單的「春夏秋冬投資術」，只做大波段投資，讓上班族省時又省力。

第三，成功率最高

買股票怕賠、做生意怕倒，買基金只要方法正確，成功機率最高。不需要內線消息、不需要明牌、不需要高深的專業知識，只要定好策略按部就班的執行，就可以累積財富。不管是單筆投資或是定時定額，甚至，還有定時不定額加強版，都各有投資撇步，懂得投資心法，就可無往不利。

第四，循環投資，滾出一輩子的財富

許多買股票的人，最大的挑戰是，如何找到下一支飆股，但買基金完全沒有這種煩惱。因為經濟景氣持續循環，永遠有投資機會，只要懂得掌握景氣脈動，春夏秋冬皆可投資。不管是存購屋金、子女教育金、退休金，甚至是退休後的理財，都可以利用基金持續錢滾錢，方能滾出一輩子的財富。

經過這麼多年的市場磨練，我深深體會，想成為基金投資贏家很簡單，就是要學會三招：**第一招，認識基金產品特性；第二招，做好基金產品配置；第三招，掌握投資趨勢，做好風險控管。**這三招學通了，投資基金就無往不利。

在這本書中，我會循序漸進的跟大家分享這三招投資心法，希望每個上班族不再被錯誤的投資行為所誤導，同時以正確方法輕鬆

累積財富。讓每個家庭享受幸福生活、擺脫財富焦慮症，才是這本
書最重要的目標。$

藏富

Part 1

投資基金前，
一定要知道的事

破除十大迷思，五祕招讓你買基金必賺

「你們都說買基金好，但為什麼我買基金都是賠錢，這只是基金公司的行銷手法罷了！」、「對啊對啊，每次理專推薦我買基金，結果都讓我套牢，什麼嘛，我根本就不再相信這些鬼話了。」

幾個朋友看著媒體上報導，××基金達人如何快速在三年內獲利100%，又有哪個專家用基金多賺50%薪水，每個成功的故事都令人羨慕，但用在自己的身上，卻總是「賠很大」。

究竟是媒體、專家、基金公司在騙人，還是自己在投資上，出了什麼問題？

其實，不管是投資基金還是股票，都需要專業知識與正確觀念，絕對不是亂射飛鏢就可以成功的。根據我多年觀察，基金投資人常犯的一些錯誤，才是讓投資不賺反賠的關鍵。但只要能徹底改變這些錯誤做法，靠基金理財真的很簡單，即使不能像專家一樣短期快速獲利，但至少可以穩穩的打敗定存，累積一生的財富。

破除投資基金十大迷思

迷思一，買基金請專家投資，就可放心不用管

錯。買基金只是請專家幫忙投資，但基金經理會變動，可能

奇芬教你把錢藏起來

> 「買基金請專家投資，就可放心不用管？買基金可以長期投資，
> 基金下跌不用賣？只要定時定額投資就一定賺？」這些都是錯誤
> 的投資觀念，趕快改正過來吧！看懂基金產品、掌握投資趨勢、
> 定時不定額策略……五個祕招讓你投資基金百戰百勝。

因為人員異動影響操作績效，也可能因為股市大跌，讓基金淨值大
跌。不能交給專家就不管。

迷思二，挑選得獎基金、明星基金就一定賺

　　錯。得獎基金、明星基金有一定的操作能力，但還是要持續
觀察。可能基金經理人換人，也可能經理人這段時間操作不順，還
是要追蹤他的短期績效沒有大幅落後才行。

迷思三，買基金可以長期投資，基金下跌不用賣

　　錯。基金可以長期投資，但看用什麼方法。如果是定時定額
可以長期投資，但如果是單筆投資，在不對的時點買進，可能十年
都無法解套。

迷思四，只要定時定額投資就一定賺

　　錯。看你買什麼市場、什麼產品，如果買一個長期經濟成長
衰退的地區或國家，一樣會賠錢，例如日本。又如 2000 年後網通
基金到目前還沒有回神，而且目前當紅的原物料基金與黃金，在
1990 到 2003 年都是衰神。還是要看投資標的是否站在趨勢浪頭
上。

迷思五，聽理專、專家的準沒錯

　　錯。理專有銷售產品壓力，專家可能教你買進，卻沒有叫你

賣出。聽別人的，錢掌握在別人手上，賠錢卻是自己承擔。別隨便相信別人的建議，靠自己最實在。

迷思六，賺 10% 就跑，沒有賠錢困擾

錯。基金交易成本很高，短線進出長期一定賠錢。賺的少、賠的多，又繳了太多手續費，才是投資基金不會賺錢的錢坑。

迷思七，股市下跌時，定時定額先停止扣款

錯。在股市下跌時，定時定額停止扣款的人，無法享受買進低成本股票的機會，喪失定時定額的最佳投資時點，長期下來一定賠錢。

迷思八，用 4433 法則，比較不同種類基金，看誰表現好

錯。4433 法則只能用在同類基金比較，是用來找同類強勢基金，千萬不能用在不同類基金的比較，這是一個完全錯誤的觀念，不要被誤導了。另外，市場上有人說，看過去一段時間哪些市場漲最多，哪些漲最少，可以用來尋找落後補漲的市場。但先決條件是，目前市場趨勢是往上還是往下，若趨勢方向沒搞清楚就亂買，可能賠得更嚴重。

迷思九，買進多支基金，就有分散風險的效果

錯。如果同時買進原物料基金、天然資源基金、黃金基金、俄羅斯基金、替代能源基金……其實是買進同一類產品，無法分散風險，反而是集中風險。不是基金買的多，就可分散風險，還要弄清楚，是否分散在不同市場、不同產品。

迷思十，買熱門基金，賺錢最快

錯。某類基金越熱門，表示前一段時間這類基金漲幅最大，此也隱藏了市場過熱的風險。因此，可觀察一個現象，當很多基金

公司都在募同一類型基金，而且投資人非常踴躍搶購時，就是市場快要反轉的訊號了。

投資人如果能破除這十個錯誤的迷思，至少先立於不敗之地，接下來，若能善用五個正確投資祕招，更能讓基金投資利上加利。

五大祕招，讓你投資基金百戰百勝

祕招一，三層樓基金投資法，大樓不會倒

許多人都只想追逐熱門基金，其實買基金必須要有一種蓋大樓的觀念。把所有資產分為三層樓來規劃，從最保本，到中庸型產品，到高風險產品皆可買，但必須有一定的比例分配，才能兼顧保本與成長，讓資產穩健的經歷各種不同季節與環境的考驗。詳細的三層樓基金投資術，在本書中有完整解答。

祕招二，看準景氣春夏秋冬，進場出場你最行

投資市場沒有永遠的多頭，也沒有永遠的空頭，看對趨勢做對事，才是讓資產成長的祕訣。買基金重點不在挑對基金經理人，而在於看懂投資市場的大趨勢，掌握在景氣谷底買進，景氣高峰賣出，才能持盈保泰當真正的贏家。至於如何判斷景氣的春夏秋冬呢？書中有簡單指標教你判斷。

祕招三，分辨產品特性，持續追蹤基金表現

目前基金種類多元化，投資人一定要搞清楚，自己買了哪種產

品，適合什麼投資環境？千萬別看基金名稱就亂猜，想買保守的產品，卻買到最高風險的產品。錯誤的認知，是賠錢的第一步，這本書中會分析不同基金產品特性，讓你清楚分辨個別基金適合的買賣點。

此外，保持對基金績效的關注，不在於挑選績效第一名的基金，而要看該基金與同類市場指數相比，是否有大幅落後現象，若是如此就應該把此基金賣出，因為經理人的表現實在不優。

祕招四，單筆投資一定要停損

前面提到，不要急著賺 10% 就出場，當處在一個大多頭市場時，股票型基金應該有機會創造更高的報酬率，例如，這波股市從 2009 年第一季起漲，一年下來，有好多基金報酬率超過 100%，可不能錯失最重要的賺錢機會。

但投資更重要的守則是不能虧損，因此，嚴設停損點才是高手致勝的關鍵。不管目前市場氣氛是好是壞，當自己的單筆投資出現 15 至 20% 的虧損時，一定要壯士斷腕，先停損出場再說，未來才有東山再起的實力。

祕招五，定時不定額，獲利多更多

市場上有一個朗朗上口的投資口訣，「定時定額停利不停損」。確實，當市場大跌時，定時定額帳上淨值會出現虧損，但此時千萬不能停扣，反而要持續投資，才能掌握低檔買進的大好時機。

但如果想要賺更多，更好的策略是「定時不定額」，也就是當

市場大跌時，不只要持續買進，還要加碼買進，而當市場漲很多時，定時定額投資卻應該停扣或減碼。掌握「低點多買、高點少買」的原則，長期下來，獲利還可以再擴大。至於，何時加碼、何時減碼，書中也有祕訣分享。

投資人如果徹底掌握這五大投資祕招，就能在基金市場上優游自得，不需要花很多時間、也不需要常常承擔市場波動的心理壓力，卻可以獲得穩健的報酬。賺錢不需要高深的學問，只要你跟著這些原則走，一定可以成為人人羨慕的基金達人。你準備好了，就跟著我一起行動吧！💲

看對趨勢，比選對基金更重要

大部分人做投資，都希望能找到一支飆股，買進後股價一飛衝天。確實，選對股票對財富影響真的很大。舉例來說，如果你在 2010 年初決定要買股票，你選擇宏達電或聯發科，可就有完全不同的命運。

平平都是股王，選錯對象差很大

2010 年 1 月初時，聯發科股價高達 560 元，是當時台股股王，而且是 2008 年底股災後從 177 元附近一路飆漲上來。而當時宏達電股價僅 370 元，而且是先從最低 256 元漲到 543 元，又跌落到 370 元。一個股價直飛沖天，一個爬坡不順跌落半山腰，你會買誰？大部分人會選聯發科吧。

可是，如果你真的這樣做，到 2010 年底，聯發科股價跌到剩 400 元，而宏達電股價卻漲到 900 元，成為新股王，甚至到了 2011 年 4 月宏達電還突破 1,300 元，而聯發科卻跌到近 300 元。選錯股，真的是天堂與地獄的差別，而這就是買股票最困難的地方，因為，你沒有把握可以事先掌握到這兩家公司的強弱變化。

奇芬教你把錢藏起來

趨勢對的時候，隨便買隨便賺，但遇到趨勢反轉時，即使股神巴菲特也無力回天。因此，投資人最重要的功課是觀察趨勢，選擇適合當時趨勢的產品，例如，多頭趨勢時買股票、空頭趨勢時持有債券，這樣你的操作績效，就可以打敗大部分只能負責單一產品的基金經理人了。

不對的時間，選到好對象，照樣「賠錢」

但即使你選到一家好公司買進，可是買錯時間，也可能讓你財富大縮水。台積電被公認是全台灣最績優的公司，根據統計，2010年底台積電總市值達 1.8 兆新台幣，排名第一，即使跟兩岸三地一千大企業相比，台積電總市值也可以排到第十三名，絕對是一家好公司。

但台積電的股價，在前一波經濟高峰 2007 年 7 月時來到最高73 元，之後就持續下跌，在 2008 年 10 月金融風暴腥風血雨的時刻，最低跌到 36.5 元。但之後，2009 年股價持續回升，到 2011 年1 月又已經突破上波高點，來到 78.3 元。

由台積電的股價變化可以了解，你雖然挑到一個好公司，但如果選在不對的時點買進，還是有股價腰斬一半的虧損風險。所以，挑對股票、挑錯時間，也一樣賠錢。

買基金，好時間比好對象重要

如果把場景從股票轉換到共同基金呢？今天你用各式各樣的數據、歷史績效、風險比較，精挑細選出一檔過去績效表現良好的基金。可是，你還是無法完全確定，它會不會是下個月表現最好的一支基金。這就跟想要挑對股王，一樣不簡單。

但畢竟，挑基金比挑股王容易一些，因為基金是分散買進多家股票，可以得到一個總合平均的結果，還不至於像選聯發科與宏達電那麼極端，買基金其實是可以大幅降低買錯股票的風險。

但是，即使你選到了一支表現最好的基金，如果買進的時點不對，一樣會讓你賠錢。就像是在股價最高點買台積電一樣，也會讓人心痛。因為，基金經理人再怎麼會選股，即使選了最績優的台積電，也一樣無法抵抗經濟景氣下滑、股市大跌的趨勢。

多頭雞犬升天，空頭股神也無力回天

當趨勢來了，再爛的股票也會漲。我們從金融風暴前後的股市表現可以了解，風暴後不管好股、壞股，都一起重挫，但跌深後的反彈行情，則又是雞犬升天，不管好股、爛股，又一起漲。許多人回頭一看，發現 2009 年根本不用選股，閉著眼睛射飛鏢都會賺。問題只在於那個時候，你敢不敢進場。

但進到 2010 年股票操作難度提高了，沒有實質面的公司股價難以推升，因此，選股功力此時分出優劣。進到這個階段基金經理

人的功能就可以發揮了，選股選得好與選不好，報酬率差很大了。我們舉台股為例，2010 年表現最好的股票型基金與最差的，報酬率可以差 30% 以上。因此，這個階段如果你的基金表現大幅落後其他基金，你可以大罵基金經理人，因為他確實技藝不精。

觀察趨勢，財富離你更近一步

趨勢對的時候，你可以挑剔基金經理人的表現，但遇到趨勢反轉時，即使股神巴菲特也無能為力，這個時候你罵基金經理人也沒用，因為表現好的基金只是賠得比較少而已，而不可能不賠錢。

因此，投資人最重要的功課是觀察趨勢，選擇適合當時趨勢的產品，例如，多頭趨勢時買股票、空頭趨勢時持有債券，這樣你的操作績效，就可以打敗大部分只能負責單一產品的基金經理人了。

但要學會觀察趨勢不容易，必須對國際經濟情勢，有相當程度的了解，才能即時掌握方向。雖然我在上一本書《治富：社長的理財私筆記》曾提到十個觀察指標，教投資人如何觀察經濟趨勢，但在實務運用上，還是有相當的難度，想完全靠趨勢掌握投資機會，實務比理論上困難，因為，還有人性、習慣等因素要克服。想要成為像巴菲特一樣沉著的投資家，沒有數十年的功力，難以練成投資神功。

兩個策略，讓你用基金輕鬆獲利

那有沒有簡單的方法，讓投資大眾輕鬆獲利呢？有的。我的建

議是利用基金配置，降低投資風險，讓不懂得市場趨勢變化的投資人，也能輕鬆獲利。

策略一，股債搭配，降低波動風險

「多頭買股、空頭買債」，這是簡單的投資法則，但如果你不知道現在是多頭還是空頭，該怎麼辦呢？兩個產品都買，就可以降低風險。但是，兩個都買也不是那麼傻瓜或沒彈性，在這本書裏面會談到很多配置的觀念，讓你輕鬆的做好基金巧搭配。

策略二，定時定額，懶人投資法

定時定額投資基金是老生常談，但是，真理就是真理，永遠經得起時間考驗。不管是剛入門投資人，或是老經驗投資高手都可以使用。既不用花精神，又可以賺到穩健的報酬率，還可以強迫儲蓄，這是人人都應該使用的投資策略。像我已經有 20 年以上的基金投資經驗，還是認為這是對抗市場波動，最簡單有效的方法，千萬不要懷疑。

但是，即使採取定時定額投資基金，還是有分高手版與入門版，這本書中也會談到，定時定額投資的最佳時點，進階投資人可以彈性掌握。

許多人在投資基金時，都只想問基金明牌，看哪支基金賺最大。但其實這些都只是短期資訊，無法為你帶來長期財富。與其花很多時間挑選冠軍基金，或是罵基金經理人怎麼讓你賠錢，還不如多花時間搞懂產品特性與經濟趨勢，對你的財富影響更關鍵。若你

不懂趨勢判斷，還可以用以上兩個簡單的投資策略，對抗市場波動風險，讓你的財富保平安。$

藏富

看對趨勢，比選對基金更重要

．投資基金前，一定要知道的事．

開除不斷叫你進出場的理專

　　一般人在理財這件事，總是居於弱勢。對商品無知，對金融知識無知，對投資風險無知，讓自己身陷險境而渾然不覺。甚至，在許多人心目中，能在金融機構服務的人，一定是專家，殊不知很多人只不過是金融商品銷售員。

　　當風和日麗的日子，理財民眾和金融專員相安無事，甚至還因為賺了一點小錢而開心，認為理財專員就是你的財神爺。而當風暴來臨時，財富一夕之間大幅縮水，這時候理財專員成了人人喊打的過街老鼠。

所有商品都有風險，你如何選擇？

　　其中，讓理財專員與金融機構受創最重的，就是雷曼兄弟連動債券了。事件發生時，大部分人都怪銀行與理財專員，認為他們不當行銷。確實，先前我也質疑，銀行為什麼要大力銷售一些不保本、高風險的連動債產品給退休族與定存族？金融機構與理專沒有替他們考慮風險，只想賺手續費，實在難辭其咎。

　　但是，雷曼兄弟連動債其實是金融機構也無法掌握的風險，因為有些連動債的設計是保本產品，但風險是企業的債信。而被列為

奇芬教你把錢藏起來

理專不是神，不能百分之百預知市場動向，投資人不能苛求。但若有部分比較極端的理專，為了業績不斷的鼓勵客戶買進賣出，則投資人自己要張大眼。以一檔股票型基金銷售手續費 3％計算，投資人如果一年進出四次，就吃掉了 12％的成本，怎麼可能會賺錢？

AA 級的金融機構，要如何去評斷他的債券是高風險產品呢？

回顧這段歷史只是要說明，其實投資人在進行任何一種理財行為時，都有著相當程度的風險。我們把錢放銀行定存，有利率變動的風險，有通貨膨脹讓資產貶值的風險，我們選擇做外幣定存，同時面臨了匯率變動的風險，我們即使買了黃金，還是有金價漲跌的風險。

而民眾熟悉的保險與共同基金產品，也各有不同的產品類型與設計，風險大不相同。例如固定收益保單本國幣計價與外幣計價，風險就大不同，而債券基金與股票基金風險也不一樣。問題是，投資人在購買這些金融商品之前，對於自己所買的產品了解嗎？

理專不是神，別太傻太天真

投資人則不能盲目的認為，「在金融機構工作的人就是專家，他的話就要百分之百相信，透過金融機構購買的產品就有保障，不會賠錢。」如果你真的這樣想，也未免太天真的。

近年金融機構的業務重心，不再以存放款為主，而是以賺手續費為主，現在的金融機構比較像是一個金融百貨公司，銷售各種金

融商品，讓客人各取所需。既然收入以手續費為主，理專每個月都有業績目標要達成，因此不得不硬著頭皮跟客戶推銷產品。特別是遇到發行新基金產品時，理專往往必須配合 Quota，請熟悉的客戶捧場。

如果是好的投資機會介紹給客人，客人賺到錢很高興，但畢竟投資市場沒有辦法天天過年，遇到市場反轉時，能不能即時通知客戶出場？或能不能照顧到每個客戶不同的需求，又是另一個考驗。

開除不斷叫你周轉的理專

理專不是神，不能百分之百預知市場動向，這部分投資人不能苛求。但若有部分比較極端的理專，為了業績不斷的鼓勵客戶買進賣出，則投資人自己要張大眼。

以共同基金為例，其實是比較偏向穩健型的產品，但卻聽聞有些理財專員鼓勵客戶賺 10% 就出場。以一檔股票型基金銷售手續費 3% 計算，投資人如果一年進出四次，就吃掉了 12% 的成本。而靠著不斷的讓客人周轉，同一筆資金可以為理專與銀行貢獻最大效益。但這樣做，最吃虧的是投資人，不管是否真的賺到 10%，手續費倒是付出不少。因此，如果你碰到這樣的理專，應該要提高警覺。

當然，我相信這樣的金融從業人員只是少數，大多數理財專員仍然希望為客戶帶來利益，但重要的是，投資人自己也要有正確的觀念。

你頭昏了嗎？為什麼要買漲最多的產品

　　許多時候理專也很頭痛，當市場最冷清的時候，建議客人買進只會被翻白眼，而當市場漲翻天時，不用出門推銷，客戶都急著要進場。長期下來，理專就會投客人所好，推銷現階段最好賣的產品，而往往漲最多的產品最好賣，因此，投資人很容易買進就套在最高點。

　　又譬如每次金融風暴期，定時定額投資客戶都急著要停扣，即使理專苦口婆心說，低檔趕快投資或加碼，但是，投資人卻氣急敗壞的只想出場。這個時候，專業的建議往往又得不到認同。

　　所以，投資人應該認清，自己的錢自己管，別想依賴別人。要花時間去了解自己想投資的商品，也要花時間去認識投資市場的風險。天下沒有白吃的午餐，想靠理專提供賺錢資訊，反而讓自己輕忽投資風險，而當你必須為自己的決定負責時，你才會更小心謹慎的看待自己的錢。

　　別再埋怨你的理專了，還不如下定決心，讓自己踏上自主理財的路吧。 $

投資，要有自己的風格

▶▶ 女神卡卡與奧黛莉赫本，你喜歡誰？

目前全球最受歡迎的流行歌手女神卡卡（Lady Gaga），掀起流行音樂的龍捲風，她在 2008 年推出首張個人單曲「舞力全開」後，短短三年內，已經獲得五座葛萊美獎，單曲銷售突破三千萬張，全球巡迴演場會更是場場爆滿。除了她才華洋溢的音樂讓年輕人熱情擁抱，女神卡卡的穿著打扮也成為時尚圈另一顆震撼彈。各種驚世駭俗的造型，爭議不斷又引領時尚，但穿在女神卡卡身上，卻展現她獨特的風格與魅力，就像她的名字一樣，「狂熱淑女」。

你適合狂熱淑女？還是窈窕淑女？

如果說，女神卡卡是狂熱淑女的代表，象徵前衛、勇敢、熱情。那麼已逝知名女影星奧黛莉赫本，則是「窈窕淑女」的代表，傳遞的是優雅、古典、寧靜。不知道現在年輕人認不認識奧黛莉赫本，但在我成長的年代，她是全球最受歡迎的女明星之一，她曾主演「窈窕淑女」、「第凡內早餐」等多部膾炙人口的電影，而她在片中的優雅造型，更成為時尚圈永恆的經典，時至今日仍有眾多崇拜學習者。

奧黛莉赫本與女神卡卡都是美麗的女性，雖然風格迥異、但各

奇芬教你把錢藏起來

> 你平常喜歡的穿著打扮，跟你的家人或朋友一樣嗎？如果別人要求你，一定要穿的跟他一樣，你會高興嗎？在穿著打扮上，你有自己的堅持與品味，但碰到投資理財的時候，為什麼你一定要跟在別人的屁股後面，做同樣的事呢？理財一定要有自我的主張，不需要人云亦云。

有特色。你喜歡哪一位呢？或者該說，你適合哪一種風格呢？

我舉女神卡卡與奧黛莉赫本的穿著風格為例，只是要說明，每個人的特質不同，喜歡的事物大相逕庭，對於外在建議不可照單全收，一定要經過評估後，選你所愛。

投資人往往只問明牌，不問風格

舉穿衣風格為例，大家很容易理解，但用在投資理財上，許多人卻迷失了。大部分人總是希望朋友或專家，趕快報一支明牌，心想只要對方覺得好的投資機會，一定就好。絲毫沒有思考，這個投資機會是高風險還是低風險，是否適合自己？或自己有沒有足夠的資訊或能力，判斷這個產品的適合投資時點？

當市場上流行投資某類產品時，每個人都應該購買嗎？例如，連動債、原物料基金、網通基金、房地產基金……等都曾經是市場上熱賣產品，你有沒有跟著市場流行買？跟流行真的是你需要的理財方式嗎？

甚至市場上充斥眾多理財書籍，每個專家提出一種主張，然後認為每個人都可以照著做。真的是這樣嗎？專家的經驗與你相同

嗎？他可以承擔的風險，你也可以承擔嗎？他每天花很多時間做功課研究，你可以嗎？

你想要當誰，決定了再投資

別被市場上過多的訊息沖昏了頭，投資理財說簡單也簡單，說困難也困難。但到頭來，花的是自己的錢，一定要想清楚，自己真正適合的是什麼？

理財跟穿衣服一樣，要有自己的風格。感覺上，以女神卡卡的個性，她應該會比較偏愛單一國家基金，或是原物料基金，這種高風險高報酬的產品；而奧黛莉赫本，則可能偏愛全球型股票基金或債券基金。所以，投資前先決定你要簡單穩當，還是要跟著流行衝鋒陷陣，一旦風格決定了，面對市場上各式各樣的產品或聲音，就不需要照單全收，只需要挑選符合自己需求的理財方式就好。

想當女神卡卡還是奧黛莉赫本？你可不能告訴我，你兩個都要。 $

Part 2

基金產品百百種，
這一次讓你輕鬆搞懂

永不退流行的基本款：白襯衫與黑長褲

▶▶ 全球新興市場股票基金與全球新興市場債券基金

你的衣櫥裏有幾件衣服呢？一個生活簡單的單身男子至少有 30 到 50 件不同單品，一個崇尚時髦的年輕女性，則可能有 100 到 200 件不同組合。你猜，他們衣櫥理唯一有可能的共通點會是什麼呢？

答對了，就是白襯衫與黑長褲。

這麼簡單的衣服，卻幾乎可以適用於任何的場合。不管是最隆重的典禮，還是輕鬆的逛街，黑與白的簡單搭配，都顯得得體。甚至，女生再搭配個皮包、絲巾或男生配上一條領帶，屬於個人的風格就跳出來了。

為什麼，白襯衫與黑長褲這麼受歡迎？甚至成為許多設計師的最愛？只因為它看似簡單、卻又包容一切。如果，你只能選兩件衣服，你可能會選擇白襯衫與黑長褲。

永不退流行的萬年組合款

同樣的觀念用在理財上，你會如何選擇呢？什麼樣的基金產品是最簡單實用，又永遠不會退流行呢？答案很簡單，就是「全球股票型基金」與「全球債券型基金」。它們就像是白襯衫與黑長褲，

奇芬教你把錢藏起來

從基金數量統計，你會發現市場微妙的變化。過去由成熟國家主導的資本市場，主導性產品是全球股票基金與全球債券基金，但2003年之後，全球新興市場股票基金與全球新興市場債券基金則快速崛起，這是基金投資人必買基本款。

買這兩支基金，代表的是分散投資於全世界，同時也涵蓋了成長與穩健。只不過，現在這個組合可以稍微修正一下，改換成「全球新興市場股票基金」與「全球新興市場債券基金」。

　　債券基金賺取的是債券利息的固定收益，股票基金則會隨著經濟成長、企業獲利增加，可以賺取股價上揚的超額報酬率。長期持有這兩個產品，不管景氣與不景氣，手上的資產波動度可以大幅降低，又可以賺取利息與股價上漲，黑白雙雄組成一個最簡單的投資組合。

世界的投資地圖已經變了

　　過去全球的資本市場集中於歐美等成熟國家，因此，全球股票基金大部分也是以已開發國家的大型企業為主要投資標的。然而，在2008年的金融風暴後，歐美金融機構受傷慘重，國家經濟體質也大不如前，不僅經濟復甦步履蹣跚，股市也顯得疲弱。

　　此外，過去被視為最佳資金避風港的歐美政府公債也出現了一些疑慮。包括歐洲受到金融風暴的衝擊，再加上南歐幾個國家如希臘、義大利、葡萄牙等的債務問題影響，讓歐元區金融警報不斷。

全球經濟成長率預測，新興國家長期高於已開發國家

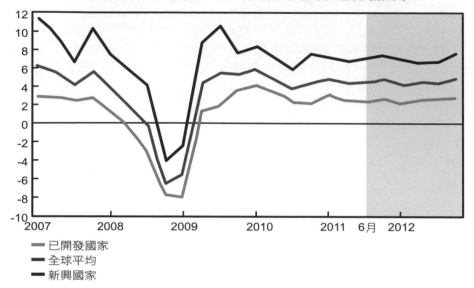

- 已開發國家
- 全球平均
- 新興國家

資料來源：IMF（2011）

而美國為了收拾金融風暴的爛攤子，不僅超發貨幣，還快速累積債務，連債券天王葛洛斯（Bill Gross）都大罵，買美國債券是與魔鬼交易，甚至美國國家主權評等還被信評公司點名，可能調降為負向。在這樣的背景下，過去全球債券基金的主力產品歐美政府公債，越來越難獲得市場認同，也讓全球債券基金蒙上一層陰影。

新興國家成長速度較快

相較之下，過去十年新興國家快速崛起，除了已經躍上檯面的金磚四國之外，還有更多國家力爭上游，而以前經常聽到的新興國家債務危機也逐漸減少，甚至，更常聽到的是新興國家調高信用評

等，例如巴西、印度等。

根據國際貨幣組織（IMF）的預測，2011 年全球經濟成長率平均是 4.4%，其中已開發國家平均只有 2.5% 成長，而新興國家則有高達 6.5% 的成長。而且，IMF 預測新興國家成長率高於已開發國的趨勢仍將持續，代表這不是短期現象而是長期趨勢，而這個變化在投資市場上也已經展現。

成熟股市反而表現落後

統計過去五年共同基金的表現，你會發現債券基金長期持有可以獲得正報酬。其中全球債券基金持有五年以上，平均可以獲得近 20% 的報酬率，三年也有近 8% 報酬率，看起來還是一個中長期穩健報酬的選擇。

但如果投資人在過去五年持有全球股票基金，成績單就不怎麼理想了。持有五年平均為小幅虧損，持有三年甚至還虧損近 30%。主要原因就是全球股市在 2006、2007 年仍處在成長軌道，但 2008 年發生全球金融風暴，成熟國家股市暴跌，直到 2009 年才緩慢回升，但仍未回到先前的高點。由此可見，股票基金受到經濟環境的波動影響較大，並不是平穩上漲，而是上下劇烈震盪。

新興股市、債市，反彈勁道足

或許你會覺得買股票不如買債券穩定，但如果你再觀察全球新興市場股票基金，你卻會發現忍受波動是值得的。因為，投資全球

全球型基金支數與平均報酬率

單位：%

報酬率 類別（基金支數）	1 年	3 年	5 年
全球股票基金（128）	0.01	-27.1	-1.65
全球債券基金（72）	-0.14	7.91	17.98
全球新興市場股票基金（52）	7.31	-16.97	47.85
全球新興市場債券基金（36）	2.15	10.07	27.46

資料來源：理柏，按新台幣計算，以上為同類基金表現平均值（2006/01/01 ～ 2010/12/31）
【說明】3 年報酬率為負值，因為正好經歷全球金融風暴階段。

新興市場股票基金五年的報酬率高達 50%，雖然投資三年也一樣受到金融風暴衝擊而虧損近 17%，但是風暴後反彈也較為強勁。事實上若以風暴後一年報酬率來看，有些基金漲幅可高達 100%。

　　同樣的，我們再看新興市場債券基金的表現，五年報酬率平均達 27%，三年報酬率達 10%，表現幾乎不輸給股票。因此近年來全球新興市場債券深獲重視，過去一年以來，台灣幾乎每家投信都爭相發行這類主題的新基金，就是看好未來成長潛力。

從產品數量看基金市場的世代交替

　　從基金數量的統計，你會發現市場微妙的變化。過去由成熟國家主導的資本市場，主導性的產品是全球股票基金與全球債券基金，目前在台銷售數量分別有 128 支與 72 支。而新興市場股票基金與新興市場債券基金，則是在 2003 年後因為新興市場崛起才陸

續加入，因此目前在台銷售數量分別是 52 支與 36 支，但新興市場基金的數量則在快速成長中。

　　如果說過去投資市場的基本款，也就是白襯衫與黑長褲，是指全球股票基金與全球債券基金，現在的新版基本款，要改為全球新興市場股票基金與全球新興市場債券基金。雖然目前台灣市場上銷售的基金種類五花八門，特別是這幾年各類新基金不斷推陳出新，有更多元的產業與形態可以選擇。但每個投資人仍然需要這兩支最基本的產品，作為自己進可攻、退可守的理財基礎。

　　如果你是一個剛入門的投資人，還不知道該如何選擇；或是你是一個想多元分散投資，追求穩健報酬的中壯族。全球新興市場股票基金與全球新興市場債券基金，都是你的基本選擇。就像你衣櫥裏的白襯衫與黑長褲，歷久彌新、永不退流行。$

快節奏進行曲：流行歌曲與搖滾樂

▶▶ 區域型股票基金與單一國家基金

　　周末晚上歌唱比賽節目正進行到最後總冠軍決賽，每個歌手都拿出自己的招牌歌曲來對決，有人擅長纏綿悱惻的情歌，有人則是喜歡聲嘶力竭的搖滾口味。每個歌手各有擁護的歌迷，台上台下既緊張又充滿期待，真是一場精采好戲。

　　如果把投資市場比喻成一場音樂的擂台賽，每個國家也各自展現不同的曲風與特色。已開發國家彈奏的好像是穩健的古典音樂，新興國家則是唱著充滿活力的現代流行歌曲，而其中一些異軍突起的個別國家，則像是具有爆發力的搖滾樂。

　　不同的音樂，不同的風格，你喜歡哪一種？而真正在進行投資時，你想投資像古典音樂的成熟國家基金，還是像流行歌曲的新興國家基金，或是重口味搖滾樂的單一國家基金？

一個世界，雙速發展

　　IMF 在 2011 年 4 月發布全球經濟報告時說，全球經濟正以「雙速復甦」的力道發展中。所謂的雙速，指的是高低兩種不同的速度，新興國家的經濟高速進行，包括中國、印度等都以超過 8% 的經濟成長率前行，而成熟國家如美、歐則以低速慢行，如美國、

歐元區的成長率僅為 2.8%、1.6%。這就如同快節奏流行樂與慢節奏古典樂的雙速節奏。

因此，近年來投資市場流行新興市場基金，不管是全球型新興市場基金或是區域型基金，甚至是單一國家基金，都大受歡迎。買新興市場基金並不僅為了趕流行，而是這些地區的經濟正處在發展初期，還有一大段的成長之路，他們不再如過去只依靠出口到成熟國家為生，還有自己內需市場的成長與蛻變，因而能減緩成熟國家經濟動能不足的衝擊。

新興市場區域基金，以龍頭企業當道

想參與新興市場的成長力，我認為投資區域型基金是比較好的選擇。因為有許多國家的資本市場規模不夠大，制度發展不夠成熟，或是可以選擇的優良上市公司不足。而區域型基金因為選擇的範圍拉大，不受限於單一國家，可以跨越國界挑選好的公司，能有效降低新興市場的投資風險。

舉例來說，富達亞洲成長趨勢基金是一檔亞洲區域型基金，在 2011 年 2 月為止，其基金持股比重中，中國占 30%、香港 20%、

新興市場區域型股票基金表現

單位：%

報酬率\區域（基金支數）	1 年	3 年	5 年
亞洲太平洋（日本除外）（57）	8.22	-13.46	53.28
亞洲新興市場（12）	5.28	-18.68	38.21
歐洲新興市場（20）	4.88	-36.93	18.35
拉丁美洲新興市場（20）	5.95	-1.67	98.57

資料來源：理柏，按新台幣計算，以上為同類基金表現平均值（2006/01/01 ～ 2010/12/31）
【說明】因為 2008 年經歷全球金融風暴，故 3 年報酬率多為負值。其實，2009 年大部分基金都有強勁反彈，但 2010 年則偏向盤整。

台灣 18%、韓國 15%，可以發現這支基金比較偏重在東北亞的市場。而該基金持股比重較高的幾家公司，包括韓國三星、中國銀行（香港）、中國騰訊、香港港交所、台灣台積電、宏達電……等，可以發現幾乎都是亞洲最知名的龍頭企業。

又如投資在新興歐洲市場的施羅德新興歐洲基金，在 2011 年 2 月為止，該基金的國家配置俄羅斯比重 61%，土耳其 13%，波蘭 12%。而主要持股有俄羅斯的大型銀行 Sber Bank，俄羅斯知名的能源公司 Gazprom 與 Lukoil 等，這些也都是非常大型的國際級企業。

新興國家的大型企業有些是國營企業、有些享有獨占的市場，通常規模大、甚至居於國際領導地位。投資人可能會發現，不同的基金持有類似企業的比重蠻高的，顯見這種強者恆強的態勢，在新興市場仍相當普遍。換句話說，區域型基金大多以大型龍頭股為主，是相對穩健的投資選擇。

單一國家股票基金表現

單位：％

報酬率 國家（基金支數）	1 年	3 年	5 年
巴西（8）	0.52	-7.22	89.31
俄羅斯（6）	14.76	-29.03	37.56
印度（20）	11.77	-19.67	91.40
中國（18）	-3.26	-16.66	133.12
台灣（129）	4.68	-1.32	31.77
南韓（10）	12.59	-22.20	18.18
泰國（8）	41.91	24.01	94.72
印尼（5）	33.21	25.15	192.03

資料來源：理柏，按新台幣計算，以上為同類基金表現平均值（2006/01/01 ～ 2010/12/31）

此外，可想而知，拉丁美洲的森巴音樂，與東歐的民族音樂，甚至亞洲的各種地方音樂，風格大不相同。所以，投資人可以根據個人偏好挑選地區投資，或是全部持有也是不錯的選擇。

單一國家基金如重搖滾勁嗆

有些人可能覺得，流行樂雖然不錯，但總不及重金屬搖滾來得嗆辣有勁。如果想搭上單一國家成長的快速列車，則單一國家基金是另一個選擇。比如，過去幾年每個人都琅琅上口的金磚四國，巴西、印度、中國、俄羅斯，這四個國家的單一股市基金，目前在台灣市場上也都看得到。

可想而知，單一國家基金會隨著單一國家股市同步進退。例

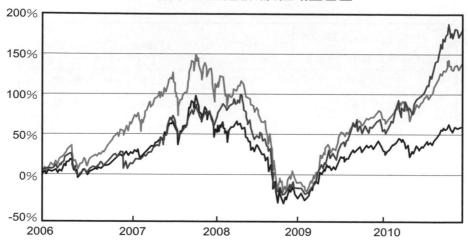

單一國家基金波動大於區域型基金

- ■ JF 東協基金（139.46%）
- ■ JF 泰國基金（179.33%）
- ■ MSCI 新興亞洲市場指數（美元）（62.79%）

資料來源：MoneyDJ 理財網（2006/01/01 ～ 2010/12/31）

如，2011 年第一季，印度股市因受到匯率貶值、通膨壓力影響，而有一段下跌修正階段，在此同時，俄羅斯股市則受惠於油價大漲而呈現飆漲行情。如果這段時間買進俄羅斯基金、同時賣出印度基金，則一季報酬率的差異可能高達 20%。

單一國家基金因為持股更集中在單一市場，受該國經濟波動影響大，因此，單一國家基金的風險必定高於區域型基金。舉例來說，在 2008 年金融風暴，投資拉丁美洲區域型基金跌幅約 50%，但若投資巴西基金，跌幅可達 60% 以上，投資單一國家的風險是投資人應該有的心理準備。

別買太多同區域的單一國家基金

有人喜歡單一國家基金的爆發力，但也要小心，不要全部買在同一個區域。例如，你買了中國基金、台灣基金、印度基金、泰國基金，好像買了好幾個國家相當分散，但其實你等於組合了一支亞洲區域型基金，所有的投資標的完全集中在亞洲。

因此，在買單一國家基金時，也要思考不同性質的組合，例如俄羅斯、巴西、中國，這三個國家是這三大新興區域最大的經濟體，但彼此差異又很大，這就是一個比較好的組合方式。

如果你是一個基金新手，我建議優先買進的單一國家基金是台股基金，因為我們獲得台股資訊最容易與充分，對於大盤的趨勢動向掌握得最好。選擇台股基金同時了解單一市場投資的眉眉角角，之後再挑選其它單一股市，應該會更得心應手。

但如果從投資的優先順序來看，我建議先投資區域型基金，若資金充裕再加買單一國家基金。畢竟，跨國投資我們的資訊掌握並不充分，透過基金經理人來做配置，還是比較輕鬆一些。

平常還是多聽流行音樂就好了，天天聽搖滾樂的人，心臟需要相當的承受力。而你準備好了嗎？ $

你在買黃金，還是金礦公司股票？

▶▶ 原物料價格大漲，原物料基金不一定賺錢

電視新聞正在報導中東緊張情勢，緊接著下一條新聞就是油價又持續上漲的消息。繼 2008 年北海布蘭特原油每桶衝破 147 美元的高峰後，進入 2011 年油價又再次突破 120 美元一桶。每個開車族都深深感受到油價上漲的壓力。

另一方面，婆婆媽媽最愛的黃金，也呈現直線飆漲的走勢，原先金價站上每盎司 1,000 美元，大家已經覺得不可思議。沒想到，在 2011 年 4 月竟然輕易突破每盎司 1,500 美元的關卡，不僅各國央行急著存黃金，許多民眾也掀起搶金熱潮。

不管是油價、黃金，還是銅礦、鐵礦，甚至棉花、小麥、玉米，舉凡我們唸得出名字的各種商品、原物料的價格，近幾年內都呈現猛爆性的漲勢，通膨壓力襲捲民眾生活。但另一方面，隨著原物料價格攀高，各式各樣的天然資源基金、原物料基金、黃金基金，也成為投資民眾的首選熱門產品。

買天然資源基金前，先搞清楚成份

你可能會發現，光是基金產品名稱，就已經讓投資人眼花撩亂了。包括天然資源、原物料、黃金、貴金屬、礦業、農糧、替代能

奇芬教你把錢藏起來

很多人看到原物料、商品價格飆漲，就認為投資天然資源或原物料基金，就等於投資各種商品，例如買了石油、銅礦、黃金、棉花……等。其實不然，這些基金都是投資開採或生產這類原物料的相關上市公司股票，所以，不是直接買石油，而是買產油公司或是提供煉油設備公司的股票。遇到股災時，淨值一樣會大跌。

源、商品、關鍵資源、未來資源……等，真的讓人摸不著頭緒。究竟他們是相似的產品，還是差異很大的投資組合？

舉例來說，名稱同樣是天然資源基金，富蘭克林坦伯頓天然資源基金比較偏向於投資石油相關的產業與公司，摩根富林明天然資源基金則以基本金屬與貴金屬為投資主軸。而天達環球動力資源基金，則投資標的更分散，涵蓋了能源、貴金屬、與農業化學、農產品。

所以，光是從基金名稱上，我們並無法分辨這支基金真正的投資主軸，投資人還是要進一步查閱基金持股，才能真正了解這支基金的屬性。

就是因為這個複雜的特性，讓目前基金的分類也是很混亂，例如，根據理柏（Lipper）的基金分類，分為天然資源、黃金及貴金屬、基礎產業等三大類。而晨星（Morningstar）則分為天然資源、替代能源、貴金屬、能源、工業物料、商品等幾種。還是一句話，投資人不要光看基金績效或名稱，還是要仔細看看基金持股，才知道你買的究竟是金光閃閃的黃金，還是黑黑的油田。

是買石油，還是買產油公司股票？

很多人看到原物料、商品價格飆漲，就認為投資天然資源或原物料基金，就等於投資各種商品，例如買了石油、銅礦、黃金、棉花……等，其實不然。這些基金都是投資開採或生產這類原物料的相關上市公司股票，所以，不是直接買石油，而是買產油公司或是提供煉油設備公司的股票。

這類公司在原物料等商品價格飆漲時，會因為公司獲利上升而受益，所以，某個程度股價也會與商品價格同步上揚。但若商品價格大幅下跌，也可能造成公司的虧損。此外，也可能因為個別公司狀況而異，例如，知名英國石油公司（BP）的漏油事件，鉅額的賠償金讓公司股價大受影響。或又如澳洲政府計畫課礦物稅，可能對礦業公司的獲利帶來衝擊。

而綜合型的天然資源基金，則因為持有多種不同產業類別的股票，而無法感受單一原物料飆漲的好處，因為，黃金貴金屬價格上漲時，可能能源價格正在盤整回檔，所以，最終得到的是各種類型企業混合的結果。

天然資源基金的持股差異很大

基金	主要投資產業分布	前三大持股
富蘭克林坦伯頓 全球投資系列 天然資源基金	· 能源 72.4% · 原物料 16.51%	· Chevron 綜合石油 3.95% · Schlumberger 油田服務及 　設備 3.62% · Halliburton 油田服務及設 　備 3.56%
摩根富林明 環球天然資源基金	· 基本金屬 33.5% · 黃金及貴金屬 31.3% · 能源 25.9%	· Rio Tinto 基本金屬 3.3% · Pacific Rubiales 能源 2.2% · Xstrata 基本金屬 2.2%
天達 環球動力資源基金	· 能源 30% · 黃金及貴金屬 22% · 綜合金屬與採礦 18% · 肥料與農業化學 9% · 農產品 5%	· Statoil Asa 綜合石油 5.2% · Barrick Gold 黃金 4.4% · Rio Tinto 基本金屬 3.7%

資料來源：MoneyDJ 理財網（統計至 2011/02）

各類天然資源基金表現

單位：％

年化報酬率 類別	3 年	5 年	10 年
天然資源	-0.02	8.13	15.68
貴金屬	7.40	12.25	23.20
能源	-1.18	5.09	11.94
替代能源	-11.0	-1.12	-0.46

資料來源：晨星網站（統計至 2010/02）

【說明】以上數據為年化報酬率，不是累積報酬率。以上數據是為了說明，同屬天然資源基金，但各類別走勢並不同。

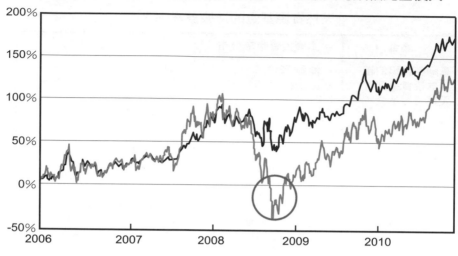

貝萊德世界黃金基金與金價大致相符，但股災時跌幅比金價大

― 貝萊德世界黃金基金 A2-USD（125.48%）
― 黃金（現貨）（174.46%）

資料來源：MoneyDJ 理財網（2006/01/01 ～ 2011/12/31）

黃金基金與金價並不完全同步

　　由於各種天然資源基金是投資上市公司股票，不是直接投資商品、原物料，因此，受到經濟環境變化、投資市場的變動影響更大。在 2008 年金融風暴期，所有原物料商品價格都大跌，相關產業基金也跌得鼻青臉腫。

　　其中令人不解的是黃金基金，因為金價在 2008 年 3 月突破每盎司 1,000 美元後，雖受全球金融風暴影響，但金價下跌至 680 美元就止穩，之後在弱勢美元的環境下金價一路攀升。但黃金基金的跌幅卻遠比金價要來得大，最主要就是受到股票市場大幅下跌的影響。還好，後來黃金基金在股市止跌後，也慢慢跟上金價走勢。

富蘭克林坦伯頓天然資源基金，與 MSCI 世界原物料指數走勢大致相符

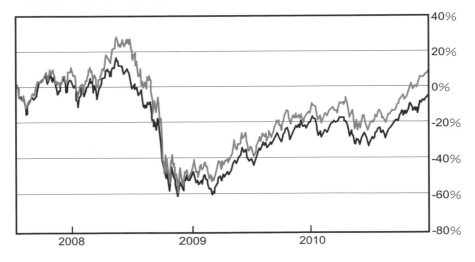

━━ 富蘭坦伯（全）天然資源美元 A（acc）（8.30%）
━━ MCSI 世界原物料指數（美元）（-5.67%）

資料來源：MoneyDJ 理財網（2007/07/12 ～ 2010/12/31）

貴金屬表現最優，替代能源則最弱

　　全球原物料價格有一段時間呈現相當穩定的狀態，直到 2003 年起，隨著新興市場崛起，各種建設與民間需求成長，也讓天然資源價格出現大幅上揚的走勢。按照過去幾年的統計發現，各種天然資源基金中以貴金屬基金的表現最優，而替代能源基金的表現則較弱。而貴金屬基金表現亮眼，主要受到金價大幅上漲的影響，但未來是否能持續這樣的走勢，則還要進一步的觀察。

　　目前看來，地底下逐漸枯竭的礦產，仍具有物以稀為貴的價值，而替代能源則因技術尚不成熟或成本過高，主要仰賴政府補貼政策，還無法有效的創造更高價值，是這個族群中最弱勢的類別，

但未來隨著技術突破、成本降低，也許這個現象就會改變了。

　　雖然從許多跡象顯示，天然資源的價格仍欲小不易，不過，原物料的價格除了受到產業供需影響外，又受到地緣政治、美元幣值、經濟景氣、各國政府政策、國際金融投機……等諸多因素影響，屬於高風險的產業。不管你是選擇以能源類基金為主，還是偏愛貴金屬或農產品基金，建議占個人投資比重都不宜過高，同時要特別小心商品價格反轉的關鍵點，才能逃過從高峰下墜的驚恐過程。$

藏富

你在買黃金，還是金礦公司股票？

· 基金產品百百種，這一次讓你輕鬆搞懂 ·

災難來了，也有發財的基金

▶▶ 高收益債券基金，危機入市賺最大

印象中，債券基金是保守穩健的產品，很難讓投資人賺到大錢。但是，2009 年在金融市場仍驚魂未定的情況下，有一檔聯博全球高收益債券基金卻能逆勢讓投資人賺 60%，完全不輸給股票型基金，這也讓許多人「吃好道相報」，成為 2009 到 2010 年全台最熱賣的基金，據聞該基金在台灣就賣了近 3,000 億元。連我一個完全沒買過基金的朋友，都跑來問我，該不該買。

「聯博全高收」在台灣創下許多驚人紀錄，不僅銷售金額最高，同時採取月配息策略，更讓許多喜歡領「利息」的投資人趨之若鶩，此外，該基金台灣投資人比例極高，更引起市場側目。金管會在 2010 年 10 月公布一項新規定，限制境外基金台灣投資人比重不得超過 70%，若達此門檻就需停售，據聞與此事有高度相關性，不過目前聯博全高收在其他市場也賣得不錯，所以台灣投資人比重反而降低了。

以上種種現象，只是凸顯了高收益債基金在 2009 年與 2010 年的風光。而進入 2011 年不僅許多基金公司搶著發行新興市場債、高收益債，媒體也大篇幅報導此時應進場投資高收益債券。但真的如此嗎？投資人應該要先對高收益債券基金的特性有所了解，才能掌握最佳的買點。

奇芬教你把錢藏起來

當降息趨勢展開時，代表的是經濟景氣轉壞，企業經營風險提高，債券違約風險上升，因此，一旦政府開始降息，最好先賣出高收益債券基金。等到市場恐慌之際，債券殖利率飆高，債券價格打 7 折、8 折時，反而是要「危機入市」，買進高收益債券基金的時候了。

事實上，高收益債的最佳買點，應該在金融風暴後，也就是危機時刻幫你「發災難財」的工具。

一般債券與高收益債，有什麼不同？

一般我們買債券，會買優先選擇政府公債，為什麼？因為政府信用好、不會倒帳，才是債券投資人最關切的重點。所以，即使利息不高，只要比銀行定存好一點，就讓保守投資人趨之若鶩。其次，則是信用良好的企業債券，像台塑、中鋼、中華電信，這類公司發行的債券，投資人買起來也很放心，但因為信用良好，所以利率也不會太高，投資人一樣賺不到太多利息。由此可知，大部分債券型基金只能賺到穩定的報酬率。

如果想在債券市場尋寶，找高報酬產品，就非高收益債莫屬。雖然高收益債券，名稱上有「債券」，但其實他的真正名稱是「High Yield Bond」。可想而知，條件好的公司發行債券利息一定很低，條件較差的公司，才要用高利率來吸引投資人，因此，利率越高的公司債，表示該公司的信用條件越差，通常被稱為「非投資等級債券」，或是俗稱「垃圾債券」。

高收益債券基金單年報酬率

單位：%

年份 類別	2010	2009	2008	2007	2006
巴克萊資本高收益債指數 （參考指標）	15.09	63.49	-28.36	2.09	11.99
聯博全球高收益債券	16.31	61.91	-31.79	6.52	13.23
貝萊德環球高收益債券	15.45	50.43	-31.63	2.46	18.08
普信全球高收益債券	14.38	44.86	-22.95	3.82	9.20
霸菱高收益債券	14.03	37.70	-21.57	5.22	7.59
施羅德環球高收益債券	12.38	40.56	-23.63	0.12	8.70

資料來源：MoneyDJ 理財網，按原幣計價，選美元計價，只舉幾檔為例說明

　　高收益債券在經濟情況良好時，隨著公司營收成長、債信評等提高，不僅債券價格上揚，還可賺到利息，算是穩健的投資工具。但是，遇到景氣下滑或金融風暴時，這些債信較差的公司債，就成為投資市場首先想出脫的對象。

　　這就有點像「過街老鼠人人喊打」，投資人擔心債券違約率大幅升高，公司可能倒閉無法還債，因此不管這家公司究竟營運狀況如何？是否真會倒閉？反正投資人都想趕快出脫，即使價格被打個七折、八折，可能還沒有人要。因此，債券市場會出現極高的信用利差（credit spreads）。

信用利差創新高，危機才能撿便宜

　　什麼是信用利差？債券依信用評等粗分為投資等級與高收益

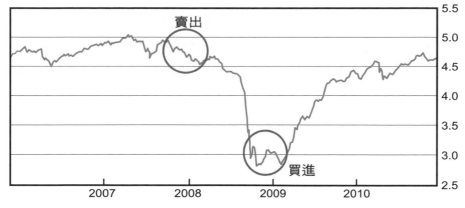

聯博全球高收益債券基金 Ａ 股美元淨值走勢圖

賣出

買進

━聯博全球高收益債券基金 Ａ 股美元淨值走勢圖

資料來源：MoneyDJ 理財網（2006/01/01 ～ 2010/12/31）

等級兩個等級，信用利差就是指這兩個等級債券之間的利率差距。當市場風險越高時，資金急於轉進投資等級的債券，賣出高收益債券，會讓這兩種債券的利差擴大。而當市場風暴趨緩時，資金會慢慢轉入高收益債券，讓兩者的信用利差縮小。

在 2008 年底金融風暴期間，信用利差大幅飆高，此表示高收益債的債券利率急速攀高，此也表示債券價格暴跌。若是先前持有高收益債券的投資人，此時正在承擔虧損的噩夢，但是，對空手的投資人卻是一個進場撿便宜的好時機，也就是所謂的「發災難財」。

我舉聯博全球高收益債券基金為例，2008 年 9 月到 11 月金融風暴期間，短短三個月內基金淨值跌幅超過 30%。但是若能在風暴之後 2009 年初進場，一年時間就可賺到 60% 報酬率。這段時間讓投資人獲利的不僅是債券利息，還包括「信用利差」縮小，也就是

債券價格上漲的利益。

　　而落後一大步的投資人，等到 2010 年看到高收益債券基金的精采績效才急著進場，但這個時候已經賺不到債券價格上揚的價差，只賺得到債券利息，收益大為縮小。因此，聯博全高收債券基金 2010 年報酬率僅為 16%。從這個例子可知，高收益債券基金的最佳買點，其實是在市場恐慌之際，也就是要「危機入市」才會賺最大。

高收益債券基金的投資妙計

　　一般的債券型基金，在景氣由好轉壞時應該進場買進，因為股市不好資金棄股買債，另外，政府降息也讓債券價格上揚，對於債券基金是利多。但是，高收益債券的走勢卻與一般債券不同步，遇到景氣轉壞時，高收益債券會先大跌。從附表可以看到，高收益債券基金不是年年上漲，會跟著景氣循環波動，走勢跟股票型產品較為一致，而和債券型產品相反。因此，投資人買進高收益債的時點要特別注意。

策略一，降息時賣出高收益債券基金

　　影響債券的幾個經濟因素包括利率、匯率、信用評等、違約率……等。一般而言，影響債券最大的因素是利率，當利率走升時對債券價格不利，當利率走低時，債券價格上升，可以買進債券。但是，高收益債除了考量利率水準之外，信用評等與違約率更為重要。

當降息趨勢開始時，代表的是經濟景氣轉壞，企業經營風險提高，債券違約風險上升，投資市場對高收益債的看法轉趨保守。因此，一旦政府開始降息，最好先賣出高收益債券基金。

策略二，金融恐慌後，買進高收益債券基金

就如同前面分析，當發生經濟景氣大幅衰退或金融風暴時，投資市場陷入恐慌氣氛，這時資金寧願捨股票與企業債券，而要搶政府公債或是信用評等高的債券，此會讓高收益債的信用利差大幅攀升。一旦信用利差擴大到接近歷史高水準時，就是可以開始買進高收益債券基金的時刻了。因為這個時候大家都在拋售高收益債，反而是可以撿到便宜的好時機。

策略三，景氣階段，可以續抱高收益債券基金

經濟景氣復甦，企業營運環境改善，有些企業還有債信調高的利多，因此在景氣階段，擁有高利率的高收益債券可以續抱，但要小心，景氣反轉點何時來臨。

不要貪圖「月配息」這種好康

在台灣高收益債券基金熱賣，並不只是因為報酬率高，而是因為配息。台灣投資人買債券基金特別喜歡有月配息的設計，感覺上每個月都有錢進到口袋才真實。先前一些沒有月配息設計的基金，在台灣都賣的不好，因此，國外基金公司紛紛針對台灣市場修改配息方式，以符合台灣投資人口味。

但其實大家心知肚明，羊毛出在羊身上，究竟一年配息一次，或是每個月配息，甚至折算成淨值配給投資人，其實投資人拿到的都一樣。甚至有些約定每年固定配息的基金，萬一當年沒賺到那麼多利息，還必須從本金拿錢出來配給投資人。

　　因此，投資人不要陷在配息的迷思中，萬一賺了利息、賠了淨值，還是虧損，重要的是還是看最終整體的投資報酬率才對。

　　高收益債券基金是所有債券類型產品中風險最高的，投資人不要只看到高收益，就以為一定創造高收益。記得，高收益一向伴隨高風險，但你只要看得懂「眉角」，就可以在對的時間，做對的選擇。 $

藏富

災難來了，也有發財的基金

· 基金產品百百種，這一次讓你輕鬆搞懂 ·

新偶像與老牌巨星，你選誰？

▸▸ 新基金 PK 老基金，成績單比一比

電視劇「犀利人妻」的故事，牽動著許多家庭主婦的心，近乎不合理的劇情，卻創下收視率的新高峰。搭上這齣戲的許多新演員，忽然之間爆紅，小三也成為街頭巷尾朗朗上口的新代名詞。

一部連續劇，捧紅一個新演員，一首好歌，打造一個新歌手。娛樂市場是一個不斷製造明星的場域，每天都有新偶像誕生，但也有些很快就消失。究竟，新偶像與老牌巨星，你會喜歡哪一個呢？

新基金 PK 老牌基金

我雖然喜歡新偶像的新鮮感，但更愛老演員的穩健可靠。在變動劇烈的娛樂圈可以持續占有一席之地，一定有他獨特魅力與出眾才華。新偶像可能曇花一現，老牌巨星卻屹立不搖。

在基金市場上，新基金就像是新竄紅的偶像，擁有無限的想像空間，但老牌基金甚至是某一些公司的招牌基金，則是資深演員，擁有一定的口碑與穩定性。新偶像還需要時間證明他的能力，老巨星則已經交出漂亮的成績單。

每當經濟景氣熱絡的時候，新基金發行熱度就直線升高，而且，有時候又像得傳染病一樣，幾乎市場上的新產品都長一個樣。

奇芬教你把錢藏起來

在基金市場上，新基金就像是新竄紅的偶像，擁有無限的想像空間，但老牌基金甚至是某一些公司的招牌基金，則是資深演員，擁有一定的口碑與穩定性。新偶像還需要時間證明他的能力，老巨星則已經交出漂亮的成績單。

像 2009 年幾乎每檔新基金都是中國基金、大中華基金，而到 2010 年則是新興市場債券基金的天下。

新基金發行有兩個背景因素，一個是該主題或該市場正夯，例如原物料價格大幅上漲，投資人看到驚人的投資報酬，想要趕快擁抱這類產品，讓基金公司急於卡位。另一個原因是該公司缺少某種類型的產品，需要加以補足，以便讓投資人一店購足。簡單來說，一個是趕搭投資熱潮，一個是為了讓產品多元化。

國內投信趕流行推新基金

早期台灣的投信公司發行產品以投資國內股票與債券為主，基金公司旗下產品都屬台股基金，為了讓產品產生差異化，因此有更細的基金分類出現，例如科技基金、店頭基金、中小基金、中概基金⋯⋯等。但買來買去，都是台灣的上市櫃股票與債券。

一直到 2000 年後，本土投信才陸續發行海外股票與債券類的產品，因此海外投資經驗並不算太長。就因為發行歷史較短，很多海外市場的產品線不足，因而過去幾年多會隨著市場潮流，慢慢增添各種主題或市場的新基金。

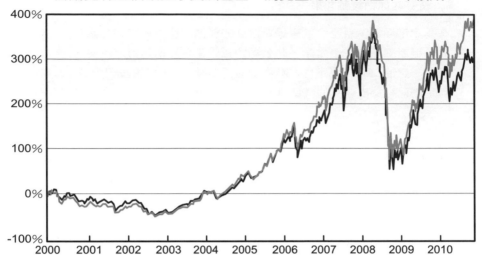

富蘭克林坦伯頓拉丁美洲基金，馬克墨比爾斯操盤十年績效

━ 富蘭克林坦伯頓全球投資系列拉丁美洲基金（394.30％）
━ MSCI 新興拉丁美洲市場指數（美元）（311.24％）

資料來源：MoneyDJ 理財網（2000/01/01 ～ 2010/12/31）

　　例如 2000 年各公司趕發高科技基金、網通基金，2003 年新基金主力產品為全球債券基金、平衡基金，2005 年後以新興市場股票基金為主，2007 年則是原物料基金、替代能源基金最夯。

　　投信發行新基金，面對的是新市場、新產品，過去沒有類似的管理經驗，相關的人才也不足，因此需要尋找國外的顧問公司協助。雖然新產品上市前，公司都會做很多的研究與分析，決定這支基金的投資主軸，但畢竟是新手上場，表現如何仍未可知。因此，在我看來，新基金就像是新偶像登台，觀眾第一印象雖然不錯，但後續能否繼續受歡迎，還有待時間來證明了。

境外基金，一年以上才能登台

相較之下，主管單位對境外基金的管理，就比較嚴格。目前金管會規定，境外基金必須發行滿一年以上，才得申請來台銷售。為什麼有這項規定呢？因為，主管機關認為，發行一年以上，有基金的操作歷史成績單可以參考，這樣對投資人比較有保障。

從這個規定就可以了解，基金過去的操作紀錄，是投資人一項重要參考指標（當然不是唯一的一項），新基金少了這項紀錄，確實讓投資人只能憑空想像。

十年紀錄可參考，選擇老牌巨星更安心

其實，有些境外基金在海外發行歷史悠久，操作績效穩定，投資人很容易就可以追蹤過去五年，甚至更長期間的表現。而一些國際知名基金公司旗下，還有具代表性的招牌基金，基金經理人操作期間有些甚至長達十年以上。

經理人願意長期留在同一家公司，代表投資團隊穩定、經理人也受公司肯定，此外，長期關注一個市場，代表專心與經驗豐富。像這樣的基金，我會把他歸類為老牌巨星，可以安心跟隨。

舉例來說，台灣投資人熟悉的新興市場教父馬克‧墨比爾斯（Mark Mobius），從 1991 年就加入富蘭克林坦伯頓集團，管理旗下新興市場基金，至今已經 20 年。而該公司一檔知名的全球債券基金，經理人麥克‧哈森泰博（Michael Hasenstab），也是從 2002

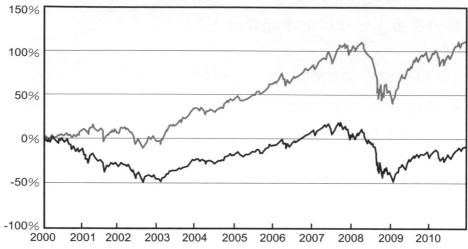

貝萊德環球資產配置基金，施達文操盤十年績效

━━ 貝萊德環球資產配置基金 A2-USD（111.23％）
━━ MSCI 世界指數（美元）（-9.8％）

資料來源：MoneyDJ 理財網（2000/01/01 ～ 2010/12/31）

年就擔任基金經理人，也有近十年績效可循。

　　另外，很多台灣投資人都買過的貝萊德世界礦業基金，經理人 Hambro Evy 從 1997 年開始管理這支基金，而貝萊德另一支招牌基金，貝萊德環球資產配置，經理人施達文（Stattman W. Dennis）更早從 1993 年就擔任這檔基金的經理人。

　　其它公司當然還有很多長青基金經理人的例子。我並不是說，投資人要迷信明星，但是，他們之所以能成為受矚目的巨星，是因為有長期紀錄可以追蹤，而且沒有跳槽。對投資人來說，買這樣的基金，應該更為安心。

如何查詢基金經理人資料

投資人如果要追蹤某一支基金的經理人，國內基金可以在 MoneyDJ 理財網（http：//www.moneydj.com/funddj）上查到相關資料，而境外基金可以在晨星網站（http：//tw.morningstar.com）查到。只要進入到個別基金的基本資料，就可以查詢到基金經理人相關資訊。

當然，我並不是說，投資人完全不可以買新發行的基金。畢竟，對本土投信來說，發行新產品代表跨出新領域，讓公司可以培養人才、累積經驗，有利於長期的發展。但是，對投資人而言，多少會承擔一些未知的風險，投資人可以自己做決定。

好與不好，用成績單來證明

經過幾年的淬煉之後，台灣投信在某些國際市場的產品上，其實表現也並不輸給境外基金公司。例如，資訊科技基金、亞洲太平洋基金、大中華基金等這幾類，本土投信的表現就相對亮眼。而在全球債券基金上，本土的復華投信表現也不遑多讓，績效打敗許多國際債券基金。可見得，經過時間的磨練，本土業者還是可以展現自己的實力。

所以，我要強調的不是本土或境外的差異，而是新與舊的考量，一個有跡可循的基金，穩定的基金經理人，可能才是投資人更好的選擇。就像新偶像與老牌巨星一樣，還是後者讓人更放心。**$**

專業司機與自動駕駛，誰的車跑的比較快？

▶▶ 主動基金與被動 ETF，差異比一比

今天你正要出門參加一場活動，為免停車之苦，所以你不打算開車。如果現在有兩部車讓你選，一部是由有經驗的司機來開，另一部是採取自動駕駛。請問，你會選擇哪一部車呢？

類似的經驗也可以用在基金投資上。一般的基金是由基金經理人主動幫投資人選股（active management），就好像是請專業的司機來幫我們開車一樣。但現在還有另一種指數型基金（index fund）或 ETF，則不主動選股，而是根據某一種股價指數的比重來投資，故又稱為被動投資（passive management），就好像採取自動駕駛一樣。在基金投資上，你想找專業司機還是自動駕駛來幫你投資呢？

這幾年我常常看到有文章批評，基金經理人績效無法持續，買基金不如買 ETF。真的是如此嗎？什麼是 ETF 呢？

買「台灣 50」ETF，就可以追蹤台股走勢

指數基金通常是根據某一種指數來決定投資的標的與比重，以追求與指數同步。舉例來說，台灣證交所編制的台灣加權股價指數，涵蓋上千支上市股票，而目前由寶來投信發行的 ETF 稱為「台灣 50」，就是選出五十支台灣具代表性的股票，透過某一個比

奇芬教你把錢藏起來

ETF 交易成本低、管理成本也低，似乎是一個不錯的選擇，當股市大漲時，指數基金同步上漲，而當股市盤整時，指數基金也會原地踏步。但更重要的是，主動基金與 ETF 的買賣通路、交易方式，大不相同，你適合選哪一種呢？

例的投資組合，使它的走勢可以跟台灣加權股價指數亦步亦趨。換句話說，投資人只要買進「台灣 50」，就等於間接投資了五十支台灣股票，而且又可以掌握台股走勢。

但指數基金又分為開放式（Open Index Fund）與封閉式（Exchange-Traded Fund）兩種。開放式指數基金跟一般基金一樣，規模隨投資人增減，投資人可向投信公司或銀行櫃檯買賣，台灣第一檔開放式指數基金在 1994 年推出，但這類基金不太受歡迎，因此數量極少，目前僅有六檔。

另外，大家常聽到的 ETF 是封閉式指數基金，也就是基金募集完成後，就到證券交易所掛牌，所有想要買進賣出這支基金的投資人，直接在證券市場交易。目前 ETF 在國際證券市場極受歡迎，基金數量也大幅成長，但台灣數量仍較有限，僅十七檔。

買主動基金不如買被動 ETF ？

雖然基金市場上有幾個知名的投資大師，但整體而言，主動投資的基金經理人績效能否長期持續，一直存在爭論。早在 1990 年代，美國先鋒基金（Vanguard）創辦人約翰‧伯格（John Bogel），

就用實證證明基金經理人績效無法持續,甚至無法長期打敗指數,因此促成他推出指數基金產品。在台灣也有許多數據顯示,大部分基金表現無法持續,因此,主張買主動基金不如買被動 ETF 的說法,近年也深受重視。

但其實主動基金與被動基金,存在不少差異。投資人在決定要靠哪邊站之前,還是應該先搞清楚幾件事。

ETF 與主動基金的四大差異

第一,管理費用、交易成本大不同

ETF 是採取自動駕駛概念,因此管理成本很低,基金公司收的管理費也大幅降低,目前台灣的 ETF 經理費大約只收 0.3 到 0.4% 左右,保管費約 0.035%,比一般基金至少低 1.3% 以上。此外,ETF 已經選定投資標的與比重,通常持股只是微調,不會頻繁進出,直接交易成本能大幅降低。因此,從成本的角度考量,ETF 確實對投資人比較有利。

第二,交易管道不同,適合的投資人不一樣

一般基金在銀行櫃台、投信公司或透過投資型保單購買,一天僅有一個淨值報價,且銀行、保險、投信公司可提供定時定額的扣款設定,方便小額投資人進行分散買進,因此,主動基金較適合習慣銀行或保險通路的投資人。ETF 則必須透過證券商購買,在交易時間內都可以買賣,價格也隨時跳動,該方式較適合股票投資人。

目前兩者的購買手續費差很多,透過金融機構購買的一般基

金，手續費約在 1 至 3% 左右，透過銀行購買每年還加收 0.2% 的保管費，交易成本比較高。而 ETF 買賣成本跟股票交易一樣，目前僅為 0.6%。

第三，國內 ETF 產品僅十七檔，交易量不大

目前台灣 ETF 產品不夠多，所以投資人選擇相當有限。台灣指數基金的領導廠商是寶來投信，共發行十支 ETF，另外富邦投信也發行了四支 ETF，大部分以投資台股為主。此外，還有海外 ETF 原股來台掛牌的有三支，包括恆生投資管理發行的恆中國、恆香港，另外還有凱基引進的標智上證 50 中國基金。而寶來發行的 ETF 中也有一檔寶來標智滬深 300，也屬中國指數基金。

不過目前在台掛牌 ETF 的交易量都不大，除了台灣 50 與寶金融（金融股指數），有比較好的成交量外，大部分交易都很冷清。而幾檔原股交易的海外 ETF，因為計價單位不同，每單位金額很高，如「恆香港」每 100 股就要新台幣 85 至 90 萬元，再加上沒有漲跌幅的限制，有時候一天只有個位數的成交量，增添不少交易風險。反倒是寶來發行的「寶滬深」，採取台灣投資人比較習慣的方式設計包裝，是目前投資中國市場，交易量較大的 ETF。

第四，國內投信指數型產品僅六檔

除 ETF 外，指數型產品國內投信原僅有寶來發行五檔，而近期元大投信也終於加入發行一檔台股指數基金，未來市場是否有更多商品仍待觀察。其中，寶來有三檔是國外單一國家指數基金，包括巴西、印尼與印度，都是 2010 年 9 月才成立，算是首度跨出台

灣市場的指數基金。平常有興趣投資海外市場的投資人，在主動基金之外，又多了一個被動基金的選擇。

第五，境外 ETF 產品多元，但投資人要具國際投資經驗

由於目前在台灣掛牌的 ETF 數量與產品相當有限，因此，若想藉著 ETF 投資全世界，就必須購買在海外交易所掛牌的 ETF。目前有幾個管道可以購買：1. 部分投資型保單有連結海外 ETF，如安聯人壽的投資型保單；2. 部分銀行的委託交易；3. 證券商複委託交易（開海外證券交易戶）；4. 直接向海外券商開戶（透過網路）。

這幾個不同管道的交易成本都不相同，投資人要投資前先要弄清楚。整體而言，前三者在政府管理範圍，第四者則是跨國交易，不在主管機關開放範圍。但第四者的交易成本相對是最低的，但投資人會受限於語文、交易時間，所以，必須是具有國際投資經驗的投資人，才能採用這樣的投資方式。

指數基金真能打敗主動基金？

許多人質疑，既然主動基金的表現平均低於市場指數，還不如買 ETF 就好。

台灣大學財務金融系教授邱顯比在《基金理財的六堂課》一書中就指出，越是高效率的市場，因為資訊充分的流通，而且法人占成交比重七成以上，經理人越難打敗指數。因此，如美國市場基金報酬率約略等於指數報酬率，而若再扣掉基金相關的交易成本與管理費後，報酬率就會略遜於指數。

台灣 ETF 一覽表

寶來台灣卓越 50 基金
寶來台灣中型 100 基金
寶來台商收成基金
寶來台灣電子科技基金
寶來台灣金融基金
寶來台灣高股息基金
寶來新台灣基金
寶來富櫃 50 基金
寶來富盈債券基金
寶來摩臺基金
富邦台灣科技指數證券投資信託基金
富邦台灣 ETF 傘型之台灣摩根指數股票型基金
富邦台灣 ETF 傘型之台灣發達指數股票型基金
富邦台灣 ETF 傘型之台灣金融指數股票型基金
寶來標智滬深 300 基金（境外）
恒生 H 股指數股票型基金（境外）
恒生指數股票型基金（境外）
標智上證 50 中國指數基金（境外）
永豐台灣加權 ETF（申請中）

台灣指數基金一覽表

寶來台灣加權股價指數基金
寶來大中華價值指數基金
寶來巴西指數基金
寶來印度指數基金
寶來印尼指數基金
元大台股指數基金

但是，如果是一個以散戶為主的市場，仍存在很大的資訊不對稱，則基金經理人是比較有機會打敗指數，獲得超額報酬率。但問題是，如何選擇對的基金。

反彈階段，指數基金漲幅大

　　指數基金雖然是簡單投資法，但也要掌握趨勢。以台灣 50 為例，在台股最高峰 2007 年 10 月創下 72.3 元的高價，但之後持續下跌，在 2008 年金融風暴重挫下，2008 年 11 月最低跌至 28.53 元，跌幅也高達六成。但後續在 2009 年 3 月出現股市第一波反彈後，若能逐步買進台灣 50，以成本 40 元上下為例，則在年底收 56.45，報酬率可高達四成。

　　但進到 2010 年台股偏向橫向盤整，台灣 50 一直都在 56 元以下，一直到 12 月才衝上 60 元。換句話說，如果你在 2010 年初才進場，可能會覺得指數基金實在很溫吞。但相較之下，這段時間指數盤整，但個股表現卻強弱分明，因此，這段時間主動基金的表現會優於指數基金。

認真追蹤，主動基金也有好表現

　　我舉一檔獲得 2011 年晨星基金獎的台股基金匯豐成功基金為例，以下只作為說明，並不是推薦這檔基金。匯豐成功基金除了在 2008 年大跌之外，每年都可以穩定的打敗指數。所以，並不是主動基金一定比指數基金遜。但是，也有很多基金表現大大不如指

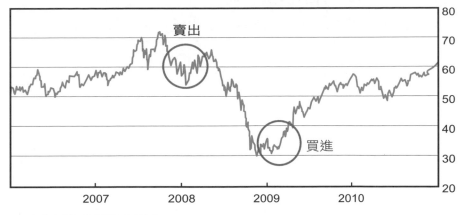

寶來台灣 50 ETF，與台灣加權指數同步

賣出

買進

━ 寶來台灣 50 ETF 走勢圖

資料來源：MoneyDJ 理財網（2006/01/01 ～ 2010/12/31）

主動基金與指數基金報酬率比一比

單位：%

年份 類別	2010	2009	2008	2007	2006
匯豐成功基金	25.91	54.99	-37.74	14.49	23.84
台灣加權指數	9.58	78.34	-46.03	8.72	19.48

資料來源：MoneyDJ 理財網

數，如何避開這些「不太優的基金」，如何挑出一檔表現優異的主動基金呢？這就在另外的篇幅再談了。

　　所以，主動基金與被動基金其實大不相同，究竟你該選擇專業司機還是自動駕駛，每個人可以各取所需，沒有什麼對錯。唯一不變的是，指數基金也要懂得掌握投資趨勢，而買主動基金除了看懂趨勢外，還要再多做一個功課，就是挑選好的司機，而不能隨便亂選，挑到一個經常出車禍或走錯路的司機。$

主廚配菜，你滿意嗎？

▶▶ 平衡基金與組合基金，請專家幫你挑基金

溫暖的四月天，朋友邀我到一家知名的義大利餐廳午餐。餐廳位在熱鬧東區的靜巷內，陽光灑在種了許多小花的庭院，先穿過小小的庭院，再推開重重的木門，撲鼻而來的是碳烤披薩的香氣，而餐廳內人聲鼎沸，看來是一家很受歡迎的餐廳。

跟朋友入座後，餐廳領班過來點菜，朋友簡單的說，「麻煩主廚幫我們配菜」。之後，陸續從小巧的前菜、湯、沙拉、主菜到飯後甜點，每次上菜都是一次視覺驚呼與味覺讚嘆。我不禁跟朋友說，「今天的餐點的真好」。朋友笑著說，「不是我點的好，是主廚配的好。」

他說，主廚每道菜都用更少的份量、搭配更多種的菜色，讓我們一次享用更多的口味。「信任專家，我們就輕鬆了。」他笑著說，這是他的懶人點菜法，因為物超所值，所以他經常採用。

基金產品也有主廚幫你配菜

享用美味的午餐時，一邊我也在想，其實，投資市場也有類似的做法。許多投資人不知道現在該買股票還是該買債券？甚或面對各式各樣的基金，不知道該挑哪一支？市場上就有幫投資人解除煩

奇芬教你把錢藏起來

不管是平衡型基金或組合基金，產品設計有較偏向積極投資，也有強調保守穩健。投資前先確認自己的偏好，再進行選擇。一般而言，這類產品仍以保守穩健為主，投資人若追求高報酬高風險，可能會失望。

惱的產品出現，那就是平衡型基金與組合基金。

所謂「平衡型基金」，就是由基金經理人根據當時的經濟環境來決定，他在股票與債券產品的投資比重，例如，經濟景氣熱絡時，股票比重可能高達七成，而經濟衰退時，債券比重可能高達八成。利用基金經理人的專業判斷來做資產比重的彈性調整，同時也透過專家挑選，來投資優質的股票與債券。投資人不需要選股選債、也不需要擔心投資時點，只要交給專家就全部搞定，這就是一種主廚配菜的概念。一般而言，平衡型基金是由基金經理人直接挑選股票、債券、現金來進行投資，類似代客操作的做法。

但是，市場上還有另外一種產品，稱為「組合基金」，是由基金經理人來幫你挑選市場上的基金產品，組合成一個「基金組合派」。換句話說，基金經理人並不直接「買股票或債券」，而是「買基金」，因此，這種基金又被稱為「基金中的基金」（fund of funds）。

先看平衡基金投資內容再買也不遲

雖然平衡基金可以在股、債間轉換，但投資前還是要先確認投

各類平衡型與組合型基金

	類型	投資取向	基金數	規模
境外基金	平衡型		39	483 億元
境內基金	平衡型	國內投資	34	285 億元
		國外投資	16	133 億元
	組合基金	跨國投資——股票	15	165 億元
		跨國投資——債券	27	961 億元
		跨國投資——平衡	27	493 億元

資料來源：投信投顧公會網站，境外基金觀測站（統計至 2011/03）

資方向，早期本土投信發行的平衡基金只以投資台灣股票與債券為主，後來才慢慢延伸至全球股票與債券。但這幾年為了讓產品有差異化，有些平衡型基金會專注以新興市場為主，或是有些產品設計只投資亞洲區，這些是投資前要先確認清楚的。

另外，雖稱為平衡基金，但有些基金想追求高成長，有些強調保守穩健，因此，在基金產品說明書上，會註明股票最高或最低投資比重，所以經理人並不是真能完全靈活反應。有些境外基金在名稱上會加以區隔，是屬於保守型或積極型，但一般從名稱上無法分辨，投資人要購買之前還是要看說明書，或跟基金公司詢問。

平衡型基金在 2000 年之後逐漸崛起，主要就是碰到科技泡沫，投資人感受到投資風險，開始接受平衡配置的概念。但是等市場復甦後，大家又發現股票型產品漲幅大，又紛紛拋棄平衡型基金，所以，這類產品目前並沒有受到投資人熱烈歡迎。

各類混合型產品的平均投資報酬率

單位：%

報酬率 類型（支數）	1 年	3 年	5 年
新台幣平衡混和（29）	5.77	5.52	34.70
新台幣保守混合（9）	1.92	0.83	12.91
新台幣進取混和（10）	7.51	-3.51	22.08
新台幣靈活混合（32）	2.83	-0.13	17.77
環球美元平衡混合（13）	-1.08	-12.21	6.59
美元積極混合（5）	2.39	-16.69	2.68
美元保守混合（4）	-2.99	-9.22	0.71
環球歐元平衡混合（4）	-2.98	-17.96	3.70

資料來源：理柏，有些類別支數太少未列入，報酬率按新台幣計算（統計至 2010/12/31）

多元組合基金雖新潮，但保守債券居多

除了平衡基金外，組合基金近年成為市場新流行產品。特別在 2005 年後，本土投信發行這類產品日益加溫，主要也是目前在台銷售的基金產品越來越多，由專家幫忙挑選基金的概念趁勢崛起。

不過，投資人也要注意，有些組合基金，只選自家基金產品進行組合，所以，是自家基金商品的延伸。有些組合基金則會以客觀角度，篩選各家優質產品進行組合，這類的基金選擇性就比較大。

另外，組合基金也分很多類，有些股債基金都投資，有些僅投資股票型基金、有些僅投資債券型基金，這也是投資人購買前要弄清楚的。有趣的是，目前在台銷售的組合基金中，以跨國債券基金組合最受歡迎。

既然要請專家挑基金，應該以股債皆可，才能充分發揮資產配置的彈性，但為什麼卻是債券型產品最受歡迎呢？主要還是購買組合基金的投資人，較偏向保守穩健，而目前國際債券產品越來越多元，除了歐美政府債之外，新興市場債還有分不同地區，此外，還有美元計價或當地貨幣計價等。除此之外，還有高收益債、可轉債基金等。多元的債券基金產品，也讓債券型組合基金受到重視。

　　另外，組合基金也不只購買一般基金公司發行的產品，目前還有只投資 ETF 的組合基金，也就是不選主動選股的基金經理人，而是選擇被動管理的 ETF，追求貼著指數的表現，也是一種新的選擇。

　　很多人想到有主廚幫忙配菜，一定覺得很輕鬆，可以趕快把煩惱丟給專家。但從我前面的說明，你會發現，怎麼連這種「主廚配菜」的產品，都分這麼多種、這麼複雜，那又該如何選呢？以下提出三大挑選方向。

挑選混搭產品的三大原則

第一，先確定你要買平衡型基金或組合基金？

　　這兩種產品並不相同，平衡型是直接投資金融商品，組合基金是投資基金。一般而言，組合基金是投資基金，等於要多付一次基金經理費與手續費，成本較高，但也有人認為，透過一支基金同時持有多種產品，可以減少管理的困難。另外，目前有些產品上有組合兩個字，並不一定是組合基金，它可能是平衡型基金，投資前也要先確認。

第二，你想買積極產品或是保守產品？

不管是平衡或組合基金，產品設計有較偏向積極投資，也有強調保守穩健。投資前先確認自己的偏好，再進行選擇。一般而言，這類產品仍以保守穩健為主，投資人若追求高報酬高風險，可能會失望。

第三，先看看自己已經有的產品，是否還需要添加？

如果自己平常投資基金，已經在各類不同股債產品中進行配置，則需求不高。若是平常多以股票型產品為主，則增加平衡型基金或組合基金，可以發揮一些穩定效果。

中長期表現，績效不太理想

可惜的是，目前市場上的平衡型或組合基金產品績效，並不特別亮麗。在 2008 年發生金融風暴時，平衡型基金並未發揮積極穩定的效果，報酬率也下跌二到三成以上，即使持有時間長達五年者，仍只要少數可以超過 20% 的報酬率，其中以投資台股與債券的新台幣進取混合型表現較佳。看來，專家也還要再加油了。$

投資市場也能衝浪嗎？

▶▶ 期貨基金比你想像的更保守

　　想像中，期貨是一種高報酬高風險的投資工具，只要用少少的資金，就可以創造數倍以上的財務槓桿，如果正好又選對投資標的，搭上大漲順風車，賺錢的速度可能會超越股票好幾倍呢！

　　這樣的投資方式，一直都是冒險家的樂園，好像站在浪頭上衝浪一樣刺激。但一般小老百姓可不敢嘗試，因為，萬一看錯方向，追繳保證金或是斷頭的壓力，也會讓投資人血本無歸。

　　如果有專家可以幫你操作期貨，是不是輕鬆多了？而且，這不是高資產族大額投資人才可享有的專屬服務，可以透過基金管理方式，讓小額投資人都可以參與，這就是近年逐漸興起的期貨基金。

堪稱亂世英雄的期貨基金

　　目前大部分的共同基金都以投資股票與債券為主，但是近年大幅波動的原物料商品則大多以期貨方式交易，讓許多投資人望之興嘆。而期貨基金的出現，終於讓散戶投資人可以參與這個投資新樂園。

　　由於這類產品屬於新興金融商品，目前台灣市場僅有四檔期貨基金，但這四檔基金設計相當保守，財務槓桿倍數很低，想衝浪的

奇芬教你把錢藏起來

目前台灣市場僅有四檔期貨基金，但這四檔基金設計都相當保守，財務槓桿倍數很低，想衝浪的投資人，可能要失望了。但是根據統計，股票、債券、商品等幾類產品之間的連動性很低，因此，投資商品期貨可以達到分散風險的效果。而且，商品期貨多空皆可以操作，在市場風暴期可以發揮正報酬的功能。

投資人，可能要失望了。反而倒是穩健的投資人，可作為資產配置的一環。

投資期貨的基金在歐美稱為管理期貨（managed futures），而基金經理人又稱為商品交易顧問（Commodity Trading Advisor，CTA），因此又泛稱 CTA 期貨基金。早在 1980 年代就有這類產品的發展，但到 2000 年後才有顯著的成長，主要是因為科技的發展，讓以程式交易為主的期貨基金擁有更好的執行效率。

近年國際金融市場連結密切，金融危機往往立即擴散全球，所有股票、債券都難逃修正命運。但是根據統計，股票、債券、商品等幾類產品之間的連動性很低，因此，投資商品期貨可以達到分散風險的效果。而且，商品期貨多空皆可以操作，在市場風暴期仍可以發揮正報酬的功能。

追蹤過去的歷史，CTA 期貨基金指數在景氣階段，表現跟一般基金差異不大，甚至可能略為遜色，但一遇到金融風暴期間，CTA 期貨基金卻可以發揮逆勢上漲的功能。就因為這個特性，這類期貨基金近年深受退休基金、保險公司、主權基金等的重視，紛紛加入資產組合中，以便發揮穩定的功能。

三大類資產各年度報酬率

單位：%

年份 \ 類別	股票	債券	商品
1991 ～ 1995	59.10	57.27	-4.23
1995 ～ 2000	66.32	36.73	-1.21
2001	-17.83	8.44	-30.25
2002	-21.06	10.25	22.13
2003	30.81	4.10	17.48
2004	12.84	4.34	11.44
2005	7.56	2.43	18.64
2006	17.95	4.33	-12.07
2007	7.09	6.97	22.09
2008	-42.08	5.24	-43.99
2009	26.98	5.93	14.28
2010	9.55	6.54	12.78

資料來源：Bloomberg，寶來投信

國內四檔期貨基金超級比一比

台灣期貨基金的發行經驗很短，目前市場上四檔期貨基金，都在 2009 年底之後陸續登場，投資內容也大不相同，投資人最好花一點時間充分認識（以下按照筆劃排列）。

一、國泰 Man AHL 組合期貨基金

Man AHL 是國際市場上最知名的期貨管理公司，目前國泰發行的這檔基金是一檔組合基金，主要就是買進 Man AHL 旗下已經

發行的期貨基金加以組合。這是國內第一檔期貨基金,在 2009 年 8 月底上市。

二、寶來商品指數期貨基金

標準普爾與高盛共同編制的標準普爾高盛綜合商品指數（S&P GSCI Reduced Energy Index），共涵蓋 24 種商品期貨。寶來商品指數期貨基金是根據這檔高盛商品指數的成分與比重,來進行商品期貨的投資配置,追求與該指數績效同步。但僅將基金中的一成資金用於投資期貨,另外九成資金採取定存或債券等方式持有,也就是不做高倍數財務槓桿操作,因此,是一檔追求穩健的期貨基金,風險等級為 RR3。但要特別注意,因為此基金是追蹤商品指數,若指數下跌時,此基金也會下跌,此基金在 2009 年 12 月上市。

三、寶來黃金期貨基金

以投資黃金期貨、黃金存摺等為主,現金比重約一半,追求與黃金現貨價格走勢一致。此基金 2010 年 11 月上市,風險等級 RR3。

四、寶富多元策略期信基金

由寶來期貨轉投資的寶富期信所推出的第一檔期貨基金,採取與國外 CTA 期貨管理知名公司 Aspect 合作,進行八大類資產分散交易,多空皆可操作。該基金追求絕對報酬,目前也僅將基金中一成資金進行期貨與選擇權投資,其它採與定存、債券與穩健型投資,但多空皆可操作。該基金公司建議,保守穩健型投資人此類基

金比重可提高至 35%，積極型投資人可持有 15%，顯示此基金仍以穩健投資為主軸。此基金 2010 年 9 月上市。

值得注意的是，這檔基金的管理費用比較高，同時還會將基金的正報酬按高水位法，收取超額部分的 20% 績效費。也就是若操作績效好，基金公司還會收績效費，這在一般國內基金比較少見，但在國外的期貨基金或對沖基金，則比較常見。

運用另類投資才能分散風險

所以，你有沒有發現，期貨基金跟你想像中的不一樣喔。傳統印象中，我們認為期貨操作追求高報酬，但是，國際市場上的期貨基金，有些設計是追求穩健報酬，特別是在市場失靈時的另一個保護措施。

台灣期貨基金才剛上路，投資人對這類產品並不熟悉，再加上上路以來績效呈現小幅上漲，與投資人期待有所落差，所以，並沒有受到太多的矚目。可能還要經過更多時間的考驗，才能讓投資人真正認識期貨基金的效用。

此外，目前四檔期貨基金設計大不相同。有些以跟隨指數為主，投資人可以追蹤指數趨勢，來決定自己的投資進出點。但也有些基金強調多空皆可操作，可發揮風險分散，作為資產配置之用。投資人還是要先弄清楚他們的差異，再決定是要衝浪，還是要在岸邊踏浪了。$

Part 3

不求人！
馬上訂作自己的基金組合

1,000 萬元基金作戰計畫

▶▶ 用基金儲蓄人生財富

　　湘芸與振耀去年底剛結婚，他們是我先前參加一個公益活動時認識的年輕朋友，因此邀請我參加了他們別出心裁的熱鬧婚禮。趁著假日空檔，小倆口來跟我道謝，同時也想問我一些家庭理財的問題。

45 歲不再為錢工作，肯定不是夢

　　振耀說，雖然目前房價高漲，年輕人都為買不起房子而頭痛，但是他們很幸運，有父親幫忙繳了購屋頭期款，小家庭已經有了一個安定的居所，只是目前每個月要繳 35,000 元左右的房貸支出。

　　「雖然房貸也不輕，但我們想趁年輕沒有小孩的時候，多存一點錢。」湘芸接著說，「我們想請問你，該怎麼做才可以存快一點？」

　　「這個簡單，我們來訂一個 1,000 萬元基金作戰計畫。」我直接回答。

　　「什麼，1,000 萬？目標會不會太高了！我們結婚費用花了不少，現在連 100 萬都沒有。」振耀有點驚訝的說。

　　「訂目標當然要有一點難度，如果只訂 100 萬元，比較容易

奇芬教你把錢藏起來

小家庭如果積極一點以每個月 25,000 元為儲蓄目標，年報酬率 10%，15 年就可以擁有千萬資產。透過共同基金計畫性的儲蓄與投資，不僅可以降低風險，還可以加快累積財富。

達成，但對於整個家庭的長期理財幫助有限。1,000 萬元是每個家庭的基本需求，以此作為目標來訂計畫才會更具體。」我微笑的回答他。

「奇芬姊，我們兩個人收入加起來 1 個月雖有 10 萬元，但還要扣掉房貸與生活費，這樣我們要多久才能存到 1,000 萬元？」湘芸好奇的問。

每月 25,000 元，15 年存出千萬元

「你這樣問就對了，目標金額雖大，但是儲蓄時間長短，與每個月可以投資的金額多寡，是兩個重要關鍵，」我回答，「你們來看看這個試算表就可以了解了。」

我到書房拿出一張表格，就著表上的數字跟他們兩個人說明。

「以年投資報酬率 10% 來估算，如果每個月存 13,000 元，20 年可以存到 1,000 萬元，如果每個月投資金額拉高到 24,000 元，15 年就可以存到 1,000 萬元。你們兩人今年 30 歲左右，如果積極一點以每個月 25,000 元為儲蓄目標，45 歲就可以擁有千萬資產，到那個時候房貸也快繳完了，你們一定會比同年齡的家庭更富有。」

振耀與湘芸的家庭收支計畫表

單位：元

收入	振耀	55,000
	湘芸	45,000
	合計	100,000
支出	房貸	35,000
	生活支出	32,000
	保險	8,000
	基金投資	25,000
	合計	100,000

目標 1,000 萬元，每月投資金額試算

單位：元

年報酬　　年	2%	5%	10%	15%
5	158,611	147,046	129,137	112,899
10	75,347	64,399	48,817	36,335
15	47,684	37,413	24,127	14,959
20	33,922	24,329	13,169	6,679
25	25,719	16,792	7,537	3,083
30	20,295	12,015	4,424	1,444

【說明】如果以報酬率 10％試算，每月投資 24,127 元，15 年可存 1,000 萬元，如果每個月投資 7,537 元，25 年可存 1,000 萬元。

「哇，聽起來好吸引人啊，老公，我們就照這樣做吧。」湘芸馬上就想採取行動了。

生孩子也不能中斷投資

「奇芬姊，計畫聽起來是不錯，但我們做得到嗎？」振耀有點猶豫的說，「第一，未來若是生小孩了，每個月開銷增加，還能存25,000 元嗎？第二，要投資什麼，才能讓每年投資報酬率維持在10% 以上？這好像很困難吧。」

「你有這樣的擔憂是很正確的。確實，當有小孩後各種開銷增加，但隨著工作經驗成長，你們的收入也會增加，不會永遠只賺10 萬元吧。所以，萬一未來每月開銷增加時，可以把投資金額降為 15,000 元或是 10,000 元，但不能不投資。這樣你們最多只會延後五到十年達成目標，而不至於中斷投資計畫。」我很快的回答。

「接下來，就要選擇投資理財工具了。」我進一步說明，「我最推薦的就是共同基金。因為，共同基金是分散投資，風險不會過度集中在單一股票上，其次，基金可選擇的產品種類多、投資市場範圍大，從台灣到全球都可投資，也可以降低單一市場的風險。」

分散買進，簡單又輕鬆

「此外，如果採取每月扣款的定時定額投資方式，還可以降低買進成本風險。根據過去投資市場的統計，只要長期分散投資在全球股市與債市超過十年以上，即使中間經歷經濟不景氣、股票市場

大跌，但平均年報酬率達到 8 至 10% 的機會還是很高。此外，如果你越懂得經濟環境的變化與對基金產品的了解，也可以大幅降低投資風險。所以，這是最適合上班族的輕鬆理財方式。」我簡單的回答。

「奇芬姊，你這樣說明，我們清楚多了。最重要的是，要有一個長期的投資計畫，照這樣規劃的投資金額我們做得到，定時定額投資還可以降低風險，這樣我就比較有信了心。從這個月開始，我們就展開存 1,000 萬基金作戰計畫。」振耀說，「但是，每個月 25,000 元究竟要買什麼基金呢？明牌報一下吧。」

「我就知道，每次問到最後都是同一個問題，這就留待下回分曉了。」我笑著回答。$

藏富

1,000 萬元基金作戰計畫

·不求人！馬上訂作自己的基金組合·

基金 Mix & Match，混搭正流行

▶▶ 股債混搭、貨幣混搭

在一次演講活動中，有一位中年朋友有點怯生生的問我，「現在大家都不看好歐洲經濟，我的歐洲股票基金該怎麼辦？」

在回答他的問題之前，我先問他「請問，這支歐洲基金占你所有投資的比重是多少？」結果這位朋友的回答真的讓我傻眼，他說，「只有買這一支，而且買了五年以上，從賺錢到賠錢，內心真的很煎熬。」

不是買得多，就可以分散風險

其實像這樣的投資人是很常見的。一些平常很少注意投資資訊的人，當有朋友告訴他一個投資機會時，往往很衝動的購買，但買了之後卻甚少關注相關資訊。像這樣的投資人，最終總是看著基金漲又看著基金跌，自己完全搞不清楚發生了什麼事。

但還有另一群投資人則是非常的積極進取，只要一聽到朋友或理專說，哪種基金現在很夯，他就急著買進。東買一支、西買一支，過一陣子發現，他已經可以開基金百貨公司了。但是情況也一樣，當市場反轉時，來不及反應也是慘遭大套牢命運，一時猶豫的結果，套一支基金跟套十支基金，命運相同。

奇芬教你把錢藏起來

投資上的混搭，關鍵就是選擇兩種相反的產品做搭配。投資理論上，當股票上漲時，債券吸引力降低，而當股票大跌時，債券吸引力卻上升。因此，若同時持有這兩種產品各一半，我們就好像在天秤的兩端放了等重的東西，不管投資市場往哪個方向走，我們都得到一個均衡的結果。

有什麼方法，可以讓投資人買的安心、抱的放心呢？最簡單的方法，就是「Mix & Match，混搭法」。

運用混搭決定你的投資風格

這幾年流行時尚吹起一股混搭風，有些剛硬傳統的服裝線條，可能搭配一件輕柔襯衫就產生畫龍點睛的效果，又具個人特色，因此大受歡迎。即使是嚴肅的企業界，自從蘋果電腦的賈柏斯穿圓領衫、牛仔褲，配搭西裝外套後，反而成為男性服飾流行指標。

當我們到餐廳享用一頓晚餐時，我們期待麵包、沙拉、主菜、甜點都有，這頓晚餐才完美。沒有人想只吃麵包，而只有牛排也會覺得太膩。在享用美食時，我們懂得混搭組合的重要，但在投資時，我們卻往往很偏食。

混搭代表的是一種均衡，一種恰到好處的搭配。用在投資上特別重要。因為，搭配決定了你的投資風格，和報酬與風險承受度。

混搭策略一：股債各半，幫你顧好錢

當你選擇積極型產品（例如股票）的比重很高時，代表你希望

Mix & Match 混搭法則

產品混搭	股債各半,或股 2 債 1 等比例配置
貨幣混搭	美、歐、亞三大區域或貨幣同時擁有,少量其他高息貨幣
持有時間混搭	・短期(6 個月到 1 年) ・中期(2 到 3 年) ・長期(3 到 5 年),不同期間搭配

資產有快速增值的機會,但同時也承擔大幅下跌的風險。當你選擇穩健型的產品(債券型、平衡型)比較多時,代表你寧願賺得少也不願意冒太大的風險。

投資上的混搭,關鍵就是選擇兩種相反的產品做搭配。當股票上漲時,債券吸引力降低,而當股票大跌時,債券吸引力卻上升。若同時持有這兩種產品各一半,我們就好像在天秤的兩端放了等重的東西,不管投資市場往哪個方向走,都得到一個均衡的結果。

混搭策略二:貨幣配置,海外投資保命丹

另外,近年來國際貨幣的波動幅度很大,光是 2010 年,歐元就上下激烈波動,而亞洲貨幣也猛然快速升值,原先最多人持有的美元卻是一蹶不振,讓許多擁有美元存款的投資人損失慘重。

其實,外匯市場千變萬化,一般投資人很難掌握到最好的外幣買賣點。投資人應該了解,國際貨幣是一種相對關係,美元漲代表歐元跌,台幣漲表示美元跌,只要分散持有全球三大區域美洲、歐洲、亞洲的貨幣,其實就可以有效的降低匯率風險。因此,台幣之外,同時持有美元與歐元,就可以發揮平衡效果。在進行海外投資時,應該優先考慮最終投資市場的幣值,是否可以有效分散。

混搭策略三：長短期搭配，安心多多

當我們錢少時，資金管理很簡單，投資產品之間的轉換也很容易；但是當我們累積資產越來越多時，資產管理越加困難，反應也越來越不靈活。所以，我們不僅要在不同類型產品中巧搭配，也要思考各種資產持有時間的搭配。

有些資產屬於穩健類型，長期持有賺的是利息或股息，這類資產我們設定投資期間可能長達三到五年以上，不需要因為短時間的市場消息隨意進出。例如，有很多投資人買六年期的外幣保單，但在持有過程中因為匯率波動就很緊張，心想著要趕快回贖。其實，六年內匯率會怎麼波動根本無從掌握，投資人應該在投資前先評估自己各種貨幣資產的配置是否分散，就可以安心長期持有。

但有些風險性較高的資產，則要多花一些時間關心，當市場趨勢改變時必須趕快停損或停利出場。例如，單一股票或股票型基金，當經濟景氣轉壞時，就要適時調整，不能抱著「套牢了長期投資」的鴕鳥心態。

比較好的方法是，投資前先設定各種產品投資期間長短的不同搭配。舉例來說，你可以設定三分之一的資產長期投資，這部分選擇低風險穩健型產品，投資三到五年以上。另外三分之一的資產，可以定時定額投資股票基金，因為分散買進時點降低投資風險，可以作為中期投資持有二至三年以上。最後的三分之一，可以做單筆股票基金、或個別股票投資，這部分可視為短期投資，六個月到一年，隨時看市場狀況來調整。

股債混搭、貨幣混搭、時間長短混搭，Mix & Match 讓你投資更輕鬆、更均衡。$

訂作自己的基金組合派

▶▶ 四個步驟，搞定你的速配名單

　　「最近農產品價格大漲，我要不要買農糧基金？」「泰國股市今年以來表現超乎意外，現在還可不可以買泰國基金？」經常的，投資朋友會丟出這樣的話題來問我，面對這些問題，我往往覺得很難回答。

　　因為，擠過來問問題的兩個人看起來就很不一樣，一個是學校剛畢業的年輕人，一個是退休的老伯伯。一個想要趕快獲利，一個想要守穩老本。

　　「我上個月剛買的中國基金，到現在都不動，我要不要賣？」還有一次，一位穿著時髦的妙齡女子，急急忙忙的跑來問我。聽她的口氣，買基金如果沒有像台股每天上下震盪的刺激，似乎索然無味。看來，她會比較偏愛高報酬高風險的產品。

　　談到投資理財，每個人最急切想知道的就是「明牌」，哪一支漲最快？哪一支未來最看好？可是，卻沒有問問自己，這個投資真的適合我嗎？

四步驟搞定自己的「速配」投資

　　買基金就跟挑衣服一樣，先想想自己的身材與喜好，選擇符合

奇芬教你把錢藏起來

投資基金前一定要認清，每個人的需求不同、個性不同、資產狀況不同，適合投資標的絕不可能一樣。不要跟著市場人云亦云、追逐熱門基金，最重要的還是先確認自己的需求、為自己量身訂作一個專屬基金組合派。

自己風格的衣服，同時也要盤算一下，家裏衣櫥究竟已經有哪些衣服了，可不要總是重複購買同樣的服裝。

投資基金前一定要認清，每個人的需求不同、個性不同、資產狀況不同，適合投資標的絕不可能一樣。不要跟著市場人云亦云、追逐熱門基金，最重要的還是先確認自己的需求、為自己量身訂作一個專屬基金組合派。

透過以下四個步驟，你可以輕鬆的決定自己的基金組合。

步驟一，決定股債比例

股債各半就像坐在天秤的兩端，可以達到資產均衡的效果，但是光只是股債各買一半，很多人可能覺得太平淡無奇了，因此，還是可以依個人情況調整股債比重。

比如一個 30 歲的年輕人急於多賺一些錢，他可以把股票比重提高到七成，債券降為三成或更低，這就屬於較積極型的組合。又若一位 70 歲的退休族，想要的只是打敗通膨的穩健投資，那麼他的債券比重要拉高到六、七成以上，股票比重只要三成就可以。

這樣的投資組合會產生什麼樣的變化呢？從附表可以很清楚的看到，30 歲年輕人的資產漲得快、但跌得也快，而 70 歲退休族的

30 歲的年輕人，基金組合波動大

單元：%

	比重	投資金額	股票上漲 30%	股票下跌 30%
股票	70%	700,000	910,000	490,000
債券	30%	300,000	315,000	315,000
總資產		1,000,000	1,225,000	805,000

【註】債券以報酬率 5% 計算。

70 歲的退休族，基金組合波動小

單元：%

	比重	投資金額	股票上漲 30%	股票下跌 30%
股票	30%	300,000	390,000	210,000
債券	70%	700,000	735,000	735,000
總資產		1,000,000	1,125,000	945,000

【註】債券以報酬率 5% 計算。

資產波動性就小多了。所以，在進行任何投資之前，最重要的一件事，就是先決定自己資產中的股債比重。這個比重決定了之後，才能進行下一步的產品選擇與搭配。

步驟二，決定債券基金的組合

債券產品其實有很多種，包括歐美政府公債、新興國家政府債券、高收益債、可轉換公司債等，投資人可以在這幾種產品當中做組合搭配。一般而言，歐美政府公債風險最低，高收益債風險最高，但近年歐美政府受困於債務危機、匯率貶值，再加上處在利率低檔，債券魅力似乎不如以往。比較穩健的做法，還是在這幾種產品中做適當的搭配。

不同債券組合，風險高低不同

	投資風險	持有比重	持有比重
美歐政府公債	低	30%	10%
新興國家政府公債	中低	40%	20%
高收益債	高	20%	50%
可轉換公司債	高	10%	20%
組合風險		低	中高

整體而言，當高收益債的比重較高時，整體投資風險較高，但報酬率也會比較好，而當政府公債的比重較高時，風險降低，投資收益也較低。

步驟三，決定股票基金的組合

股票產品種類比債券更多，投資人不是多買幾支就可以達到混搭的效果，同樣也要考量各種股票基金不同的風險屬性之後，才能決定自己該怎麼搭配。

若是 30 歲左右的年輕人，想要多掌握投資機會，可以新興市場股票基金為主，其中還可搭配一些最夯的單一國家股票基金，例如中國、巴西等。或是熱門的產業如黃金基金、天然資源基金等。

若是成熟穩健的中年族或退休族，則盡量以全球型股票基金或區域型股票基金為主，這當中還可以在成熟股市與新興股市中做一個搭配組合，以降低投資風險。

近年台灣投資人熱烈追逐的單一產業基金、單一國家基金，甚至是表現亮眼的中小型股票基金，都屬於高風險的產品。一般而言，在個人投資組合中比重不要超過 20% 比較好。

不同股票基金組合，風險高低不同

	投資風險	持有比重	持有比重	持有比重
全球股票型基金	低	30%	20%	
全球新興市場股票基金	中	30%	20%	
區域型基金（成熟市場）	低	20%		
區域型基金（新興市場）	中	20%	40%	40%
特定國家組合股票基金 （如金磚四國、東南亞）	高			20%
單一國家股票基金	高		10%	10%
單一產業股票基金 （如天然資源、科技資訊、 房地產等）	高		10%	10%
區域小型股基金	高			10%
單一國家小型股基金	最高			10%
組合風險		中低	中高	高

步驟四，先決定組合比重，才挑選最佳基金

　　一般投資人買基金都只是跟隨當下市場最夯的產品，很少考量是否適合自己，以及整體的組合比例，這樣會讓自己好像開雜貨店一樣，什麼都照單全收。理想的做法，是先決定比重，再分別挑選各類產品中的最佳基金。💲

振耀與湘芸的基金投資組合

新婚的湘芸與振耀，手上有 50 萬元存款，還打算展開每個月 25,000 元的定時定額基金投資，他們在銀行櫃檯針對各種基金研究了半天，還是無法下定決心該如何選擇與搭配，所以又來找我求救。

「你們屬於可以承擔高風險，還是低風險的投資人？」我先問他們。

「應該算高風險吧，因為，我們還年輕，而且在科技產業與行銷業任職，比較偏向積極的投資心態。」振耀滿有信心的說。「雖說如此，但還是不要太衝了，最好不要賠錢。」湘芸小心的補上一句。

「嗯，你們手上存款不多，我建議 40 萬元買新興市場政府債基金，10 萬元買全球股票型基金，這兩筆投資比較偏重穩健考量。另外，每個月的 25,000 元，建議都買股票型基金，這樣投資一年後，就會達到股票與債券各半的比重，二年後股票比重就會超過六成。」我簡單的回答。

「每個月的 25,000 元，可以拆成五筆投資。以新興亞洲、拉丁美洲、新興東歐分散投資三大新興市場，另外，兩筆可以選擇你們比較感興趣的單一產業或單一股市投資。看你想挑什麼。」我接著說明。

「我想挑黃金基金。」湘芸說。「我想買中國基金，原物料基金也不錯。」振耀說。「不管如何，你們只能各擇一，不要超過區域型基金的比重，」我回答，「因為你們採取定時定額投資、風險降低，我才建議可以全部買股票型產品。」

換不換，傷腦筋？

「如果過一陣子不想買中國基金，想轉為巴西基金可以嗎？」振耀問。「當然可以，你可以轉換，但不要增加，以免單一國家比重過高。除非每個月投資金額有改變，我們再重新分配比重。」我再三強調，產品配置比例才是重點。

「奇芬姊，經你這樣說明，我們清楚多了。不過，配置好了之後，難道我們就永遠不用轉換。那還真輕鬆。」振耀笑著說。

（續下頁）

湘芸與振耀的投資組合

單位：萬元

	本金	1 年後	2 年後	3 年後
全球新興債券（單筆）	40	40	40	40
全球股票（單筆）	10	10	10	10
新興亞洲（*）	0.5	6	12	18
拉丁美洲（*）	0.5	6	12	18
新興歐洲（*）	0.5	6	12	18
印度基金（*）	0.5	6	12	18
黃金基金（*）	0.5	6	12	18
總金額（萬元）		80	110	140
總比重		債券 50% 股票 50%	債券 36% 股票 64%	債券 29% 股票 71%

【註】1. * 每個月定時定額投資金額，1 年後為累積金額
　　　2. 這邊只說明投資比重，不計算投資獲利或虧損

　　「你説的也對，也不對。投資組合其實不需要過於頻繁更動，但如果投資市場有重大轉變，例如經濟景氣下滑時，你應該把股票型產品比重降低，或是你投資的基金表現不佳時，也需要適時的轉換。所以，雖然不用頻繁更動，但也不能不動。」我笑著説，「另外，按照目前的投資計畫，三年後股票比重就高達七成了，到時候也要重新檢討投資計畫了。」

　　「看來，下一段功夫還要繼續跟你學了。」振耀説。

　　「沒錯，定時定額投資基金只是理財的第一步，但如何把基金管理好，後面還有很多功課要學呢。」我笑著回答。$

藏富

訂作自己的基金組合派

· 不求人！馬上訂作自己的基金組合 ·

基金土洋大戰你要買哪一個？

▶▶ 國內基金與境外基金，哪裏不一樣

　　一個好久沒聯絡的朋友美芳有一天打電話給我，她說最近想買一檔天然資源基金，看了半天不知該怎麼選，「好奇怪喔，一樣都是天然資源基金，為什麼有的列在國內基金？有的列在境外基金？我要買哪一種才對？」她很疑惑的問我。

　　這個問題雖然很簡單，但確實很多人搞不清楚。因此，我經常被詢問：「國內基金和境外基金有什麼不同？」還有「新台幣計價是不是比美元計價基金要來得好？」

　　要回答這個問題前，我可以先舉個簡單的例子。現在最夯的智慧型手機非 iPhone 與 HTC 二大品牌莫屬了，對台灣的消費者而言，iPhone 是進口品，HTC 則是國貨。雖然 iPhone 的生產製造中含有很多台灣廠商的零組件，HTC 的手機中也有國內外各大供應商的零組件。對消費者來說，都是功能齊備的智慧型手機，但就出產國而言，就是不一樣。

基金亦有國產品與進口貨

　　國內基金與境外基金，也一樣是國產與進口品的差異。如果一支基金的發行地點是台灣，也就是由台灣的證券投資信託公司（簡

奇芬教你把錢藏起來

一般而言，在台灣發行的基金都以新台幣計價，而境外發行的基金則是外幣計價，可能是美元、歐元……等。早期，台灣投信發行的產品多以投資台股與台灣債券為主，但隨著市場逐漸開放，也發行很多投資海外市場的產品，和境外基金產品相似度越來越高。唯一的差異只在於績效與計價幣別。

稱投信）來投資操作，就稱為國內基金。如果一支基金的發行地點是海外，可能登記為美國、英國或是盧森堡的基金公司，就稱為境外基金。一般境外基金都由證券投資顧問公司擔任總代理，引進來台銷售（簡稱投顧）。

一般而言，在台灣發行的基金都以新台幣計價，而境外發行的基金則是外幣計價，可能是美元、歐元、日圓、新加坡幣……等。早期，台灣投信公司發行的產品多以投資台股與台灣債券為主，但隨著市場逐漸開放，台灣投信公司也發行很多投資海外市場的產品，包括全球股票基金、全球債券基金、金磚四國股票基金、原物料基金……等，和境外基金產品相似度越來越高。唯一的差異只在於績效與計價幣別。

會幫投資人賺錢的才是好基金

基金公司需要兩種人才，一種是研究員，對各企業與產業發展動向有全面的掌握，才能挖掘好公司；另一種是基金經理人，決定基金的配置比重與各股票的進出時點。

可想而知，台灣投信公司對台股的掌握一定較好，因為有足夠

的研究員可直接拜訪公司，而且基金經理人離市場近，更能直接掌握投資方向。但要進行海外投資時，則必須仰賴國外機構的研究報告，因此，通常國內投信發行海外市場產品時，都會找一家海外顧問公司，提供海外企業的資訊或是投資建議。

相對的，境外基金較擅長的當然就是國際市場，很可能公司本身在紐約、倫敦、或香港設有研究機構或子公司，自行掌握投資資訊，有些甚至也擔任國內投信的海外顧問。

另外，有多家境外基金公司在台也設立或併購投信公司，如進入台灣市場多年的摩根富林明、施羅德、德盛安聯、富蘭克林、貝萊德、富達……等，有外資色彩的投信，自然可以直接分享國際市場的資訊與資源。

投資人選基金前，當然還是先看投資績效，而且若同樣是投資國際市場，要把國內基金與境外基金的表現，都換算成新台幣績效來做比較，這樣才比較客觀。所以，不用管他的出身是國貨還是舶來品，重要的是，「會抓老鼠的才是好貓」，會幫投資人賺錢的才是好基金。

要買台幣計價，還是外幣計價的基金？

2008 年金融海嘯期間新台幣也跟著貶值，等風暴平息後新台幣又開始升值，到 2011 年更突破 29 元兌 1 美元的關卡。很多人擔心投資國際股市，會慘遭匯率虧損問題，但也有人認為只要買新台幣計價的產品，就沒有匯率損失的問題了。其實不然，不管基金是以新台幣計價還是以美元、歐元計價，只要投資海外就有匯率波動

的風險，而且影響最大的是，所投資市場當地的貨幣風險，而不是計價幣別的貨幣風險。

舉例來說，如果你買一支印度基金，不管計價幣別是新台幣還是美元，其實基金經理人還是要換成當地貨幣投資，而印度盧布兌台幣或美元是升值或貶值，最終會反應在基金淨值上。有些國內基金公司表示，他們會做新台幣匯率避險，所謂避險就是做一些遠期外匯合約操作，以降低匯率損失，但是要做避險也是需要成本的，最終仍會反應在淨值上。因此，有些公司也採取自然避險策略，也就是不避險。

境內境外基金，稅率大不同

雖然投資人挑選基金，主要是考量績效，不是考量出身背景，但是，如果你是高所得族群，目前買國內基金和境外基金的稅負負擔不一樣，這可是要特別注意的。

台灣因為停徵證券交易所得稅，所以不管是投資國內基金或是境外基金，如果是屬於基金淨值變化產生的所得，都是不需要課稅的。因此，就理財規劃上，買基金具有節稅的效果。

但若是基金的配息，因為屬於利息所得，所以必須納入年度所得繳稅，但可享有儲蓄投資特別扣除額 27 萬免稅的優惠。雖然如此，但國內與境外基金課稅條件不同。國內配息型的債券基金，投資人要繳利息所得，但如果投資境外債券基金的配息，因為屬於海外所得不需課稅，所以，想賺利息的投資人，可以購買境外債券基金，不僅收益不錯，又不用課稅，因而成為許多富豪的最愛。

國內基金與境外基金的課稅差異

類別 所得別	國內基金	海外基金
利息所得	要課稅 （可以選擇不配息，利息滾入淨值，繼續投資）	・符合最低稅負制，要課稅 ・不符合最低稅負制，不課稅
證券交易所得	不課稅	・符合最低稅負制，要課稅 ・不符合最低稅負制，不課稅

　　但是，台灣從民國 99 年 1 月 1 日開始實施最低稅負制，海外所得必須納入個人綜合所得稅計算，讓原先享受稅負優惠的境外基金遭受重大影響。

高所得一族，要小心課稅問題

　　對大部分投資人而言，最低稅負制門檻很高，根本沒影響，但對於投資大戶可不然。只要年所得超過 600 萬元以上，當年海外所得超過 100 萬元以上，海外所得就要納入課稅。

　　舉例來說，如果你是一家中小企業主，年所得高於 600 萬元，再加上有 1,000 萬元資金投資境外基金，因為今年操作績效良好，一不小心賺了 100 萬元，就符合課稅條件了。因此，最低稅負制影響最大的是，投資境外基金的高所得族群。

　　但按照現行法規，高所得族群如果購買的是國內基金，即使該基金投資海外市場（美洲、歐洲、亞洲……），仍不算是海外所得，基金獲利是不需要課稅的。

就是因為這個法規的差異，讓投資境內基金與境外基金的稅負差很大。近一、二年陸續有境外基金公司購買台灣投信的併購事件，目的很間單，就是要變身為境內基金，為投資人避開課稅問題，否則很多投資大戶可能就流失了。

簡單一句，如果你只是小額投資人，不管你買國內基金還是境外基金，稅負問題不大。但如果你是高所得、高資產族，買基金前還是要先盤算一下稅負，再決定要買國內基金還是境外基金。 $

你應該買得獎基金嗎？

▶▶ 四個步驟，挑出你的冠軍馬

「奇怪，這支基金買的時候排名是第一，怎麼買了之後，表現越來越差？」「明明這支基金先前得過一堆獎，怎麼我買了之後，發現他的表現還比不上另一支沒得獎的基金？」像這樣的問題，幾乎是基金投資人詢問度最高的疑問。對投資人而言，什麼配置、分散、注意風險，都不如找到一支會飆的基金來得重要。

這就像一場即將開跑的賽馬活動，比賽前我們可以調查研究各匹馬先前的戰績，找出各類積分最高、最有潛力的幾匹名駒，再決定下注的對象。但是，沒有跑到終點之前，誰也不知道這次比賽冠軍會是誰？

如果是賭馬的話，冠軍馬只有一匹，還好，買基金選擇沒有這麼嚴苛，只要選到表現優於大盤，或是同類排名居前幾名的基金就可以。投資人不用過度擔心自己沒買到第一名的基金，重點是在股市上漲階段，這支基金能不能幫我賺到錢才重要。

馬與騾子，不能拿來做比較

在挑基金前，要先提醒投資人，千萬不要把所有基金混在一起做績效比較，畢竟，馬與騾子本來就不同種，拿來比較一點道理也

奇芬教你把錢藏起來

在挑基金前，要先提醒投資人，千萬不要把所有基金混在一起做績效比較，畢竟，馬與騾子本來就不同種，拿來比較一點道理也沒有。但也常聽很多投資人抱怨，為什麼得獎基金，下一波表現不一定亮麗？建議投資人，經過層層篩選後，應該優先挑選一年期績效表現最好的基金。

沒有。股票基金與債券基金完全不同，印度基金跟台股基金也不能相提並論。基金投資人必須先決定自己的基金組合（想買哪幾類基金產品），接下來才是在同類基金中，挑出一匹我們心目中的冠軍馬。

　　究竟如何挑選出一支好基金呢，以下是我的四步驟挑冠軍法則。

步驟一，找短中長期都屬前段班的績優生

　　台大教授邱顯比、李存修提出的 4433 法則，台灣投資人應該耳熟能詳，這個方法，主要是在找尋績效表現持續保持在同類前段班（排名前三分之一或前四分之一）的好學生，不要求第一名，但期望該基金表現總是優於同類平均。篩選期間從三年期、二年期、一年期、六個月，分別比較。中長期排名前四分之一，短期排名前三分之一者，作為首批列入考量的觀察名單。

步驟二，得獎基金名單比對

　　每一年二、三月是各大基金獎頒獎時刻，目前在台灣有三大基金獎，一為理柏基金獎，一為晨星基金獎，一為金鑽獎。前兩大是

幾個基金評等的指標

台大教授 4433 法則	晨星評等		理柏評等		
4	1 年期績效前 1/4	★★★★★	表現在前 10%	Leader	表現在前 20%
4	2 年、3 年、5 年期績效前 1/4	★★★★	表現在 11～32.5%	4	表現在 21～40%
3	6 個月績效前 1/3	★★★	表現在 32.6～67.5%	3	表現在 41～60%
3	3 個月績效前 1/3	★★	表現在 67.6～90%	2	表現在 61～80%
		★	表現在 91～100%	1	表現在 81～100%

國際基金評鑑機構舉辦，國內外基金都評鑑，金鑽獎是國內金融研究發展基金會舉辦，以國內基金評比為主，近年也加入境外基金的評比。

每年舉辦的基金獎評選，兩大部分國際機構的評分標準，原則上都要看風險調整後的報酬率而定，也就是同類基金中高報酬但低風險的基金才會入選，同時，評鑑期間都不可低於 3 年，因此，單是過去一年表現好的基金不可能入選。

有些基金獎會分不同年期的得獎名單，原則上我建議還是以三年期表現優先於五年期以上，除非某一支基金是三年期、五年期、十年期都得獎，那才真是一個不容易的紀錄。

投資人在經過前面 4433 法則篩選出一些初選名單後，再參考基金獎得獎名單，若有重複的，可列為優先挑選對象。

此外，不管是理柏或是晨星，平常對於各個基金也都有評分的機制，例如理柏是五分制，最佳的稱為 leader；而晨星也有星等的評級，最佳表現可獲得五顆星，投資人也可同時參考這項資訊。

步驟三，一年期表現優，才是重要關鍵

我曾經主辦過將近八年的基金獎活動，對於每一屆的得獎名單與後續表現都有深度追蹤。常聽很多投資人抱怨，為什麼得獎基金，下一波表現不一定亮麗？甚至有些反而大幅落後？

其實，真正的關鍵點，還是要看整個基金團隊是否改變了。特別是台灣的基金人才流動性頗高，而得獎基金多是評估三年以上的表現，是過去經理人的豐功偉績。若是基金近期更換經理人，甚至整個投資團隊都已經改變，則過去績效真的不能代表未來。

經過前面兩個挑選步驟，我們已經大幅過濾一些名單了，下一則要優先挑選一年期績效表現最好的基金。透過這個把關動作，也可以把團隊變動的衝擊降低。

如果某支基金三年以上績效好、又得獎，可是一年期績效卻明顯落後，就不要挑選這支基金。但若是這支基金一年期表現仍保持在前段班，顯示這支基金操作不僅長期穩健，短期也能掌握到波段重要趨勢，才應該列為優先名單。

步驟四，挑績效好但風險較低的基金

一般投資人挑基金只問績效、不問風險，而且通常績效越好的基金風險越高。當我們按照前面步驟篩選出來的基金名單中，若有幾支基金績效難分軒輊時，可優先挑選風險較小的基金。

衡量基金風險的指標有幾個，第一個是標準差，指基金績效上下波動的幅度；第二個是 β 值，指基金波動和市場波動度相比是高是低。波動度越高表示基金風險越高，所以，若基金績效一樣時，優先選擇標準差低與 β 值低的基金。

另外，還有一個衡量基金績效的指標叫夏普值（Sharp Ratio），主要是指扣除無風險報酬（銀行定存利率）後，每承擔一單位的風險可以獲得的超額報酬。這個指標不只看報酬率也看風險，許多基金獎的評比也都是使用類似的觀念來挑選基金。夏普值越高，表示基金績效好但風險有限，當投資人有兩支基金難以抉擇時，可優先挑選夏普值高的基金。

高報酬通常伴隨高風險，所以一般績效好的基金，風險值也一定較高。所以，我們並不是要挑選風險值低的基金，而是在同樣的績效表現下，挑選風險相對較低的基金。

當一個主動投資人，Fire 表現不佳的基金

經過上述四個步驟的篩選過程，投資人其實會對於各類基金中表現較好的幾支基金了然於心。如果資金寬裕，建議可以將資金拆成兩份，挑選兩支表現較好的基金投資，這樣做也是為了分散風險。而同時投資兩支基金的優點，就是可以持續追蹤同類基金的表現，作為繼續投資或更換的參考。

許多投資人買基金，都是聽理專介紹或是朋友推薦，這就好像是聽明牌買股票一樣，盲目的跟進跟出，讓自己的資產處在高風險中。目前網路資訊非常充分，投資人可以輕鬆的比較各類基金，按照前面四大步驟，就可以挑選出幾支績效好，風險相對較低的基金來投資。

而且懂得這個方法之後，還可以持續追蹤自己所買基金的表現，萬一基金表現不斷落後時，可以即時的轉換標的。畢竟，買

基金是借基金經理人之手幫我們投資理財，當然要找一個可信賴的對象，但同時也要監督他的表現，表現不佳時，隨時可以把他「Fire」。$

買基金，不能盲目約會

▶▶ 先調查基金身家背景再行動

「你能不能在 30 秒鐘內告訴我，你買了哪些基金？」在一個演講的會場，我問一個投資人。

他看著我 10 秒鐘，然後搔搔頭有點尷尬的說「有一支全球債券、一支台灣中小型股票，一支原物料基金，另外，還有兩支想不太起來？」

「你能說出完整基金名稱、哪家公司發行、還有基金風險收益等級嗎？」我再追問。

他看著我更茫然的說，「哪家基金公司？不太記得，什麼是風險等級，我不知道耶？」

你覺得這個對話很奇怪嗎？但幾乎我問過十個投資人，不到一、二個可以立刻清楚回答我前面的問題。這表示什麼？表示大部分人都不知道自己買了什麼基金，也不了解這個基金的特性？甚至還有許多人連基金名稱都說不出來。這個情況就像你買了一支股票，卻不知道這個公司經營什麼業務？這樣做投資，其實跟買樂透差不多，就是猜猜看、賭賭看。

如果你是一個認真的投資人，按照前面的步驟精挑細選出一支基金後，可不能直接就到銀行櫃檯買進。接下來，你還應該花一點時間，了解一下基金的身世背景、投資方向，對基金了解多一點

奇芬教你把錢藏起來

大部分人都不知道自己買了什麼基金，也不了解這個基金的特性？甚至還有許多人連基金名稱都説不出來。這個情況就像你買了一支股票，卻不知道這個公司經營什麼業務？這樣做投資，其實跟買樂透差不多，就是猜猜看、賭賭看。

後，買起來才會更踏實一些。

上網查查基金基本資料，就是這麼簡單

想多認識一支基金，最簡單的方法是到該基金公司網站去查詢相關資料。舉例來說，如果我想查詢 JF 東協基金相關資料，因為發行公司是摩根富林明，我可以到摩根富林明公司網站的產品中心，查詢 JF 東協基金基本資料。

這裏會說明基金成立日期、基金經理人、基金類型（股票型）、投資區域（亞太）、產品特色（主要投資在哪些市場）等資訊。同時也會註明，目前基金淨值、規模、相關費用（管理費、信託費……）等訊息。

你可以查到基金的淨值、績效，與基金經理人背景資歷，另外，還可以看到基金所投資區域中各國家比重、產業分配比重與前十大持股明細。

其實，每一支基金都有一份公開說明書，對於基金內容有詳細的說明，另外，也有基金月報表，對於基金最新持股、淨值、規模等提供定期更新的資訊，但通常資訊公布時間會落後一個月到一季

以上。

　　當然，你也可以同時查到這家基金公司目前發行或代理的相關基金資訊，包括基金公司的歷史、背景、規模、得獎紀錄等，可以更深入的認識這家基金公司。此外，投資人也可以找到相關的市場研究報告，讓投資人對所投資市場有更深入的資訊掌握。

投資前的四大檢視重點

第一，這支基金計畫投資哪些標的？

　　我建議投資人在看基金基本資訊時，首先應確認基金投資標的。例如，一支台股中小型基金，可能在說明書中就會說明，以上櫃股票及股本在 80 億元以下（或更低）的上市股票為主要投資標的，因此，這類基金是不可能投資大型權值股的。

　　另外，若你投資平衡型基金，要確認該基金的投資組合比重，是股債比重可靈活彈性調整，或是該基金事先規劃為股三債七，較強調固定收益的特性。又如這幾年有許多新型態基金出現，有些基金不僅可投資現股，還可以買進期貨或是放空股票，可以更靈活的操作，這都是投資前要先弄清楚的。

第二，基金風險收益等級

　　基金發行前都會設定風險收益等級，分為五個等級，RR1 風險收益等級最低，RR5 風險收益等級最高（高收益伴隨高風險）。投資人買基金前，要先確認該基金的風險等級，再決定這類基金占所持有基金的比重高低。如果手上買的每支基金風險等級都是 RR5，

那麼投資人就要特別提高警覺，時時注意市場變動了。

第三，基金經理人操作期間

當我們從績效挑選基金時，並不了解這個績效是由哪個基金經理人創造的，因此，選定基金後，最好再確認一下相關資訊。如果該基金經理人剛上任半年，其實，我們不太能確定他是否可保持過去的優良紀錄。但如果該經理人已經管理這支基金很長一段時間，過去優異表現都由他所創造，則買這支基金會更安心。

可惜的是，台灣基金公司的經理人更換頻率頗高，要找到一支基金長期由一位經理人操作越來越難。反而是國外基金公司，有些經理人管理一檔基金長達十年以上，我們比較能客觀評估經理人的表現。

第四，基金規模不要太小

目前在台灣銷售的海內外基金總數超過 1,600 支，種類繁多，但近年我們也常看到基金合併或消滅的訊息。當基金規模過小時就會面臨清算的過程（最低門檻從 2 億元降為 1 億元，並再降為 5,000 萬元），或是，近年有些基金公司會主動合併一些規模過小的基金，以提高管理效益。

有時規模太小，也顯示基金操作表現不佳，不受投資人青睞。因此，投資人買了基金後也要注意基金規模，持續縮水的基金，透露一些警訊。投資人千萬不要閉著眼睛，不聞不問，這樣是跟自己的錢過不去。

主動調查身家，別盲目約會

　　以上這些資訊，投資人要買基金前都應該積極掌握。就像我們要交男女朋友前，應該對他的家庭背景、個性、經歷、目前從事的工作等各方面資訊，有真正的了解，才能進一步的交往。如果盲目約會就結婚，可想而知風險有多高。

　　比較基金績效是看考試成績單，查基金基本資料則是確認出身背景，從量與質兩個面向來認識一支基金，透過謹慎的挑選過程，你才能安心的把錢交給基金公司管理，而不是盲目瞎買。💲

藏富

買基金，不能盲目約會

·不求人！馬上訂作自己的基金組合·

基金網站比理專還好用

▶▶ 善用免費網站，幫你挑好基金

「近來油價大漲，天然資源基金好熱門，報一支基金明牌吧！」

「我想買中國基金，盤整了一年多，最近終於開始發動了，要買哪一支？」

我經常被朋友問到類似的問題，想買基金、卻不知道該買哪一支？就好像，未婚男女彼此不認識，希望透過媒人介紹，讓雙方快速交往。

其實，朋友、專家等媒人不一定可靠，但現在倒是有不少「網路紅娘」，可以幫忙牽線，而且還把對方的身家背景介紹的很詳細。想找對象，到網路上仔細的搜尋、比較，才是正確的抉擇。

目前網路上資訊充沛，甚至已經到泛濫的程度了，投資人可不要淹沒在太多的資訊當中，還不如慎選自己覺得好用的網站，經常的利用這個網站來幫助自己掌握趨勢與基金表現，才是最重要的。

善用網路，各類基金績效比一比

幾個提供基金資訊的網站，包括 Yahoo！奇摩理財網、PC Home 基金頻道、Yam 蕃薯藤基金、中華民國證券投信及投顧公

奇芬教你把錢藏起來

善用網路的資料比對功能，可以讓你輕鬆成為基金高手。例如 MoneyDJ 的基金排名功能，包括公會排名、4433 法則、MoneyDJ 排名、MoneyDJ 評等，可幫投資人省了不少功夫。而晨星網站可提供基金「質化研究」評等，總共分五個等級，幫投資人追蹤基金團隊的管理品質，都是我經常使用的好網站。

會，都有完整資訊，讓投資人做基金績效比較。

　　一般而言，大部分網站國內基金與境外基金必須分開比較，投資人可以依類型或投資區域來選擇基金群組，接下來可按照不同期間的績效排序，如按一年期或三年期排序，很快就可找到排前幾名的基金。同時也很容易查到基金風險的評分，如標準差、夏普值等。

　　其實，各網站的資訊都相當充分，投資人掌握前面幾個挑選基金的步驟後，可以很快找到績效較好的幾支基金，接下來再進一步仔細查看基金個別資料，多方比對後，就可以挑出投資標的了。

　　以下推薦幾個我覺得資料整理的很完整，且可以讓投資人省下不少時間的好用網站與功能，提供給投資人參考，讓你迅速變身基金高手。

推薦網站一，Money DJ 理財網（基金）

　　如果只看績效，其實我們對一支基金的了解不夠深，還要掌握更多資訊才能放心把錢投入，在這個部分 MoneyDJ 理財網（基金），原稱 Fund DJ 基智網，就能提供很完整的資訊比對。

好用一，基金排名功能。包括公會排名、4433 法則、MoneyDJ 排名等，幫投資人省了不少比對的功夫，可以用這個功能快速瀏覽基金表現。

好用二，Money DJ 基金評等。它是根據基金過去一年、二年、三年績效、風險與同類基金比較，及過去二十四個月是否可以打敗指數來評估，總計分五個等級，能獲得五顆星的就是表現較好的基金，在挑選基金時可加以參考。

好用三，經理人績效追蹤。在國內基金基本資料中，看好一支基金表現，可以進一步查詢基金經理人，操作此基金期間多長、績效如何，還可以查到他過去曾經操作過哪些基金、表現如何，都一目了然（進入基金基本資料——基金經理人）。

另外，同時也對該基金歷任經理人的資料有完整紀錄（進入基金基本資料），例如有些基金過去績效表現良好，但該經理人目前已經離職，在此都可以輕輕鬆鬆的完全掌握。

好用四，單一基金績效圖。用圖表顯示基金淨值與相關指數的績效比較，常有人說基金績效起起落落，不容易超越指數，一檔能夠超越指數表現的基金，相對表現就算不錯。這裏會對過去五年該基金表現與指數表現做比較，也會統計單筆投資與定期定額投資的短中長期報酬率。此外，投資人還可以自行調整比較的參考指標、比較期間，也可以將 A 基金與 B 基金放在一起做比較。若有兩支基金很難抉擇，利用這個功能可以幫助判斷。

好用五，**單一基金趨勢軌跡**。根據基金報酬率與標準差，與同類基金比較的排名順序，以四個象限來顯示該基金目前屬於強勢基金或弱勢基金，介於其中者為觀察名單。如果報酬率排名高（高報酬）、標準差排名低者（風險低）為強勢基金，報酬率排名低、風險排名高為弱勢基金。這個功能可凸顯一般人最容易忽略的風險考量。

好用六，**單一基金績效評比**。在境外基金部分有這個功能，可以將同類基金過去一年的報酬率與標準差的落點一一標示出來，很清楚可以看出同類基金中，哪一支基金屬於高報酬、低風險。

MoneyDJ 理財網相關基金資訊

第一，可以彈性挑選比較的指數與基金

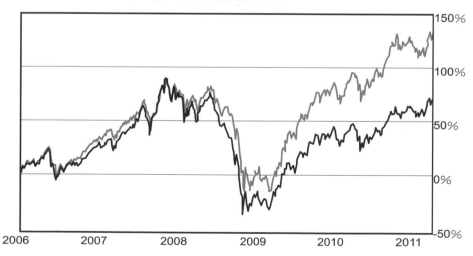

━━ 安本環球新興市場股票基金（129.83%）
━━ MSCI 新興市場指數（美元）（69.96%）

資料來源：MoneyDJ 理財網（2006/01/01 ～ 2011/04/28）

第二，基金分年報酬率與參考指標做比較（近五年）

單位：%

年份 類別	2010	2009	2008	2007	2006
安本環球新興市場 股票基金年投報率	25.64	79.97	-43.90	32.91	33.49
MSCI 新興市場 指數漲跌幅	16.36	74.50	-54.48	36.48	29.18
差額	9.28	5.42	10.58	-3.57	4.30

資料來源：MoneyDJ 理財網

第三，基金趨勢軌跡圖，顯示基金報酬與風險（和同類比較）

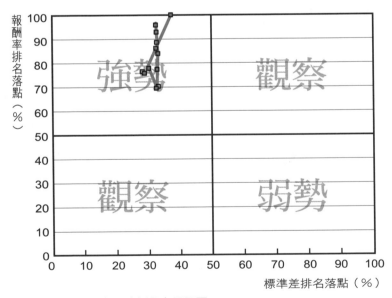

資料來源：MoneyDJ 理財網
【說明】落在強勢區表示與同類基金相比，屬於較高報酬、較低風險。

第四，同類基金績效比較圖

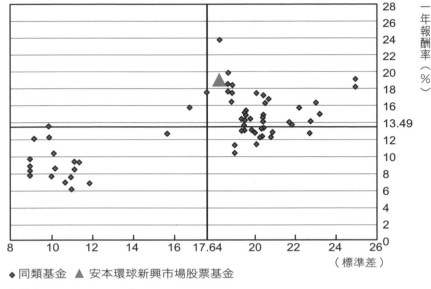

◆ 同類基金　▲ 安本環球新興市場股票基金

資料來源：MoneyDJ 理財網

【說明】該基金絕對報酬率與標準差，與所有基金相比的落點。

推薦網站二，晨星 Morningstar

　　國際市場上專業做基金評比的公司，主要就是晨星與理柏兩家，目前晨星有針對台灣市場的網站，投資人可以好好利用。晨星有完整的國內與境外基金資料庫，投資人可以利用它的基金龍虎榜與基金篩選器，根據自己的目標基金族群，找出績效相對較好的基金。其中，有幾個晨星專有的功能，也值得投資人參考。

　　好用一，星號評級。晨星按照基金的績效與風險給予評分，表現最好的給五顆星，最低的給一顆星，發行時間不夠長的，無法給與星級評等。一般而言，星號評級還是具有相當的參考性。

晨星網站的基金資料

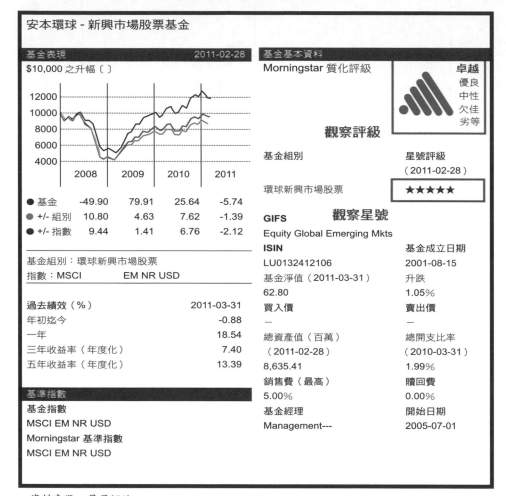

安本環球－新興市場股票基金

基金表現　　　　　　　　　2011-02-28

$10,000 之升幅〔〕

	2008	2009	2010	2011
● 基金	-49.90	79.91	25.64	-5.74
● +/- 組別	10.80	4.63	7.62	-1.39
● +/- 指數	9.44	1.41	6.76	-2.12

基金組別：環球新興市場股票
指數：MSCI　　　　EM NR USD

過去績效（%）	2011-03-31
年初迄今	-0.88
一年	18.54
三年收益率（年度化）	7.40
五年收益率（年度化）	13.39

基準指數

基金指數
MSCI EM NR USD
Morningstar 基準指數
MSCI EM NR USD

基金基本資料

Morningstar 質化評級

卓越
優良
中性
欠佳
劣等

觀察評級

基金組別	星號評級（2011-02-28）
環球新興市場股票	★★★★★

GIFS　　　　觀察星號
Equity Global Emerging Mkts

ISIN	**基金成立日期**
LU0132412106	2001-08-15
基金淨值（2011-03-31）	升跌
62.80	1.05%
買入價	**賣出價**
—	—
總資產值（百萬）（2011-02-28）	總開支比率（2010-03-31）
8,635.41	1.99%
銷售費（最高）	贖回費
5.00%	0.00%
基金經理	開始日期
Management---	2005-07-01

資料來源：晨星網站

好用二，**質化基金評級**。這是晨星特有的評級，一般我們若只看基金績效，往往失於偏頗，有時基金經理人雖然短期績效落後，但他可能更重視中長期的穩健表現，因此，若能對這家基金公司或是投資團隊的投資策略，給予客觀評分，應該具參考性。

目前，晨星就可提供基金「質化研究」的評級。總共也是分五個等級，最好的是卓越（Elite）、其次為優良（superior），最差的是欠佳（impaired）。只是目前質化研究報告仍以英文為主，並沒有中文翻譯。同時，也不是每支基金都提供質化分析，畢竟需要有資深專業人員，對研究團隊做深度訪談後，才能完成的質化研究，確實提供難度是更高的。

如果投資人按照績效表現挑選出來的基金，同時具有晨星五顆星評級，質化評級又獲得卓越，表示這支基金績效好、操作品質也優，應該是上上之選了。

好用三，**基金風格箱**。晨星對於個別基金的基本資料提供的很完整，包括跟市場參考指標的比較，基金各期間的表現，主要持股、投資市場分佈、風險等級等。其中還有一個晨星風格箱的指標，根據該基金主要投資在大型、中型、小型股，或以價值、均衡、成長股的配置，畫出基金的九宮格，可以清楚的看出基金投資風格。前面我主張，投資人應該確認自己的投資風格再挑選基金，基金風格箱可以幫投資人分辨基金風格。

好用四，**市場分析報告**。目前許多投信投顧公司都會不定期的提供市場研究報告，在前述的基金網站中都可以找到。但是，晨星是專

業的基金研究機構，它所提供的市場分析報告，應該更具客觀性，
也頗值得參考。

用網路追蹤基金表現，保持一手好牌

　　網路時代來臨，真的讓基金績效無所遁形。其實，你不需要理
專推薦，也不需要朋友提供明牌，在網路上用滑鼠點一點，就可以
找到許多資訊。但是，不要只是看著排行榜挑基金，多花一些時間
了解每支基金在多頭與空頭市場的表現，研究團隊的變動，專業機
構的評比，應該可以讓你選到一支好基金。

　　但是，工作還沒完成呢！買了基金後，還要追蹤它的後續表
現，可別「績優生」變成「績憂生」時，你還渾然不知。$

藏富

基金網站比理專還好用

・不求人！馬上訂作自己的基金組合・

一次搞懂基金各種隱藏成本

▶▶ 買賣一次少賺一年利息

一個老朋友見面時很得意的說，前一陣子買了一支亞洲中小型基金，兩個月內就賺了 10%，他很高興的立刻賣出。因為錢已經落袋，所以他又開始物色下一個獵物了。

「我一年如果可以做三趟，報酬率不就高達 30%，這樣不是比傻傻的一直抱著還好。」朋友洋洋自得的說。

「聽到這句話，最高興的應該是銀行與理專，因為一年買賣三次，銀行可以賺到將近 9% 的手續費收入，但你的基金能不能每次都獲利，還不知道呢？」我忍不住澆他一盆冷水。

別老是把基金當股票玩

台灣股票市場的交易成本很低，因此台灣投資人習慣性的短線買進賣出，周轉率高居全球前幾名。但是，買賣股票交易成本約 0.6% 左右，而買賣基金的交易成本卻高達 2 至 3%，比股票高出四、五倍之多，實在不適合短線操作。

再加上基金採取的是分散投資，獲得的是穩健報酬率，一般而言基金獲利低於直接投資股票。較低的獲利與較高的交易成本，基金比較適合作為中長期穩健理財工具，而不適合短線操作。

奇芬教你把錢藏起來

我常提醒基金投資人，每買賣一次基金成本是 1 至 3%，在目前低利率環境下，每買進一次就少賺一年銀行定存利息，如果一年買賣三次，等於吃掉三年銀行存款利息，投資人真的要考慮清楚才行動。

我常提醒投資人，每買賣一次基金成本是 1 至 3%，在目前低利率環境下，每買進一次就少賺一年銀行定存利息，如果一年買賣三次，等於吃掉三年銀行存款利息，投資人得要考慮清楚才行動。

基金管理成本，不只是經理費而已

雖然把錢交給基金經理人管理，投資人可省不少精神，但投資前還是應該先搞清楚投資基金所有相關成本，才能發揮精打細算、小錢變大錢的理財效果。

一般我們買基金時，基金公司會註明基金管理費是 1 到 2% 不等，但其實真正的基金管理成本不只如此，還包括了保管費、保證費，以及基金的交易成本，有時候加總起來年度成本高達 5% 以上，但投資人卻渾然不知。由於基金成本直接反應在淨值上，你只看到每天淨值高低，不知道每支基金你究竟付出多少管理成本。

如果你想查詢國內基金真正的成本，其實很簡單，只要到投信投顧公會的網站（http：//www.sitca.org.tw），進入「產業現況分析」，再進入「境內基金」，其中有一項「各項費用比率」，點進去就可以查到國內所有發行基金的每一支詳細費用。

投資基金相關成本

基金內含管理成本		
交易直接成本	A1 證券交易手續費	
	A2 證券交易稅	
會計帳列費用	B1 經理費	
	B2 保管費	
	B3 保證費	
	B4 其他費用	
小計	A＋B	
基金買賣成本		
	C 手續費	
	D 買賣價差（部分基金公司收取）	
	E 信託保管費（銀行、保險銀行收取）	
小計	C＋D＋E	
總計	A＋B＋C＋D＋E	

投資人會發現，如果是指數型基金，通常經理費比一般股票型基金低很多，因為它是採取「被動式管理」，不是由基金經理人主動操作。一般而言，國內基金經理費約在 0.5 至 2% 左右，其中，貨幣型基金、債券型基金與指數型基金的經理費，比股票型基金低。

交易成本，一隻你看不見的隱形殺手

但對於基金成本影響較大的，反而是看不見的基金交易直接成本，也就是基金經理人買賣股票產生的手續費與交易稅。如果一支基金週轉率很高，其實也隱藏了很高的交易成本。

2010 年國內基金，管理成本最高前五支基金

基金名稱	交易總成本
安多利高科技	14.29%
凱基台灣精五門	8.46%
凱基開創	6.56%
貝萊德寶利	5.69%
富鼎台灣優勢	5.40%

資料來源：投信投顧公會網站（2010/01/01 ～ 2010/12/31）

　　舉例來說，查詢投信投顧公會網站上的資料，2010 年國內基金中，年度成本最高的五支基金，成本最高的安多利高科技基金，成本竟然高達 14.29%，而績效表現不錯的凱基台灣精五門，成本居然也高達 8.5%。投資人可以思考一下，這個基金經理人的操作風格，你是否完全認同。根據過去歷史經驗，交易成本很高的基金，最終績效都不會太好。

境外基金成本，買賣價差「差很大」

　　除了境內基金外，你也可以查詢境外基金的成本。你可以到境外基金資訊觀測站（http：//www.fundclear.com.tw），進入「資訊公告平台」找尋「基金基本資料查詢」，找到想查詢的基金名稱，點進去後會看到「基金銷售資訊」，裏面就有關於基金相關費用的資料。

　　上面會註明經理費、保管費等，一樣也是股票型基金的經理費較高、債券型基金較低，一般而言，境外基金的經理費比境內基金要高一些。此外，這裏也會列明手續費範圍，不過手續費主要是通

路收取，依個別通路而定，我們後續再談。另外，還有一個費用，一般人很少注意到，就是「買賣價差」。大部分境外基金是不收取買賣價差的，但有些基金卻收取高達 5% 的買進價差與 0.5% 的賣出價差，這表示你每次買賣基金時，除了手續費之外，還有買賣價差費，而這部分是基金公司收取，而不是通路收取。由於成本相當高，投資人要買入一支基金前要先看仔細的。

買賣手續費，各銷售通路皆不同

一般投資人對於基金公司內含的各項費用成本感受不深，因為多含在淨值內，但對每次買賣基金的手續費高低，則特別會斤斤計較。由於這部分費用比較有彈性，對投資人而言，也是唯一可以爭取的空間。

就整體銷售通路而言，透過銀行或投資型保單購買基金，手續費用是最高的，而直接跟投信公司購買，費用最低，有時甚至是零手續費。以境內基金而言，可以直接到投信公司或公司網站購買，不僅費用低廉，也不用再收一筆信託管理費，是最便宜的通路。只是投資人如果要買很多家不同公司的產品，需到多家基金公司開戶，銀行轉帳設定比較麻煩一些，同時管理個人基金帳戶資產時，可能要多費一些心思。

資訊透明化，理性面對投資行為

銀行是目前基金銷售最主要的通路，基金銷售手續費幾乎全部

由銀行拿走，而基金公司的經理費用銀行也可以分享部分。而各大基金公司為了請銀行大力推廣自家產品，甚至還提供銀行理專高額獎金，或是招待出國旅遊。

少部分不肖理專，可能為了賺取高額獎金，不斷的鼓勵客戶短線買賣，因為投資人賣出後，才有資金可以再進行下一筆交易，而同一筆錢，如果一年多進出幾次，一次 3% 手續費，理專自然可以賺到高額業績獎金。

為了杜絕這種歪風，2011 年 3 月開始，金管會規定，投資人每次進行基金買賣時，銷售通路必須清楚的顯示基金交易成本，包括通路端收取多少手續費用與獎勵金，拆分多少經理費。透過這些資訊的清楚揭露，讓投資人了解費用流向，也希望投資人能夠更理性的面對每次的投資行為。

用網路購買基金交易成本較低

透過銀行通路購買基金，一般多按照牌告手續費收取，但是若透過網路交易，手續費可以打六五折或更低，以 3% 的股票型基金手續費為例，透過網路購買可以降為 1.95%，立刻省下 1%。特別是遇到金融市場低迷不振時，銀行為了增加業績，還會推出手續費優惠，有時折扣低到三折左右，這是最佳購買時點。

另外，如果你是大額投資人其實可以跟銀行議價，銀行通常對優質客戶都會給予不錯的折扣，手續費也可能打到五折以下或更低。所以，好好鎖定一家銀行往來，進出金額大，手續費的降價空間就大。

但是透過銀行購買基金，是使用銀行的「特定金錢信託帳戶」共同投資，還要收取一筆信託保管費，每年要收投資金額的0.2%，在賣出時收取。如果一筆資金投資五年，就要多收 1% 的信託保管費。

透過投資型保單買基金，得有長期計畫

目前透過投資型保單購買基金的投資人越來越多，投資人對於買賣成本一定要先問清楚。有些投資型保單是一開始先收取較高的手續費（總費用率可能高達 150%，依產品設計而定，分年收取），但後續投資人在轉換基金時可享有很低的基金轉換手續費或甚至不收。另外也有些投資型保單設計起始費用大幅降低，但若提早解約要收解約罰金。此外，每年也會收取保單維持費。

整體而言，保險公司重視的是人生風險管理與長線理財規劃，較適合作為存退休金或子女教育金準備，最好是有 10 到 20 年長期強迫儲蓄的計畫，才比較適合透過投資型保單來投資，如果只想賺短線價差，資金常常要挪做它用者，就不適合透過此通路購買。

基金超市手續費便宜，只限境外基金

除上述通路外，民眾也可以透過券商購買基金，但每家券商可銷售的產品不一，要分別詢問。另外，市場上還有一家先鋒投顧推出的「EZFUNDS 先鋒基金超市」，是一個網路基金交易平台，手續費按照基金牌告費率，股票型打三折，債券型打四折。此交易平

不同通路基金買賣手續費

	手續費	保管費
銀行臨櫃	2 至 3%	○ （信託保管費）
銀行網路	照牌告打折，一般為 65 折，最高可達 3 折	○ （信託保管費）
投資型保單	一開始很高，持有期間基金轉換有一些手續費優惠（需依個別保單設計而定）	○ （保單維持費）
直接向投信購買	有些推出零手續費	X
基金超市	照牌告打折，股票 3 折，債券 4 折，只限部分海外基金	X

台是透過集保公司交割，而且不收保管費，投資人可自行選擇扣款銀行，透過網路就可完成所有交易，是方便又便宜的管道。

此基金超市只銷售海外基金，目前可銷售的基金有 28 個系列，超過 700 支基金，雖然還不能涵蓋所有海外基金，但有一些表現很不錯的基金在此都可銷售，投資人在平常往來銀行之外，可以再多一個管道，就可以省下不少交易成本。

其他看不到的基金風險

目前投資基金還存在一些投資人比較容易忽略的風險，就是下架與停售。前面提過，有時因為基金規模過小而清算或合併，甚至有些海外基金結束代理，而退出台灣市場，都會讓原先投資的基金消失不見。雖然原基金投資人還是可以取回剩餘資金或轉換等方式

處理，但總是造成一些不方便。

　　此外，前幾年因為主管機關對於投資中國相關股票的最高持股比例限制，讓許多亞洲基金或中國基金紛紛撤銷核備，退出台灣市場。不過，後來因為持股比例放寬，許多基金再度回籠。但目前又有新規定祭出，例如境外基金台灣投資人數超過 70% 比重，就不得在台繼續銷售，目前已陸續傳出幾檔績效不錯的境外基金停售的訊息。

　　其實，主管機關這個規定對投資人而言，反而產生很高的風險。以我個人為例，先前也曾投資一支持有中國股票比例高而下架的基金，因為擔心賣出後無法繼續投資，而錯失在股市高峰獲利了結的機會，後續又遭逢在股災階段，也無法把握在低檔積極買進的機會。政府名為保護投資人，但其實卻對投資人帶來更高的風險。

　　不過，因為有這些相關規定，投資人必須在交易成本、市場風險之外，還要顧慮這些非經濟因素的干擾。唉，投資人真的不能不小心謹慎了。💲

藏富

一次搞懂基金各種隱藏成本

· 不求人！馬上訂作自己的基金組合 ·

匯率讓你的投資「差」很大？

▶▶ 分散幣值才是對抗匯率波動最佳策略

「你看，這個基金報酬率好怪？同一支基金美元計價和歐元計價，報酬率怎麼差那麼多？」周末在朋友曉芳家聚會，正聊到油價居高不下的新聞。忽然，曉芳的先生毅文指著電腦螢幕上的基金排行榜，很疑惑的問我。

「那是因為匯率的關係，這段時間歐元兌美元貶值，所以用歐元統計的基金報酬率相對美元看起來比較高。」我回答。

「什麼，妳這樣說，我可迷糊了？究竟要買升值多的幣別，還是貶值的幣別？」毅文問。

「那要看你持有什麼貨幣、什麼價位買進而定？其實，要討論匯率，還真是有點複雜呢！」

為什麼，同一支基金有三種報酬率？

匯率變動是進行海外投資時，一個很大的變數。但投資人也不要因為報酬率統計的高低，被其中的數字變化給迷惑了。我舉一個簡單的例子，就可以了解匯率變動，怎麼影響基金報酬率的計算。

以富達新興市場股票基金為例，統計它在 2010 年 1 月 1 日到 2010 年 12 月 31 日的報酬率，你會發現用美元計價報酬率是

奇芬教你把錢藏起來

選擇以外幣直接投資境外基金，平常要掌握新台幣兌換外幣的好
時機，例如，當美元兌新台幣低於 30 元時，大約是在新台幣的
歷史高檔區，此時應多買一些美元，充實自己的美元資產。又如
歐元兌美元如果有機會低於 1.2 歐元時，也是相對低檔區，此時
買歐元也是好時機。

同一支基金不同計價幣別，報酬率計算有差異

基金幣別 / 類別	富達新興市場（歐元）	富達新興市場（美元）	富達新興市場（新台幣）
報酬率	26.02%	19.57%	15.32%
匯率	歐元兌美元 1.4334 至 1.3410		美元兌新台幣 31.706 至 30.358
匯率漲跌幅	6.45% 美元兌歐元升值		-4.25% 美元兌新台幣貶值
加計匯率變動	19.57 + 6.45 = 26.02%		19.57 − 4.25 = 15.32%

資料來源：MoneyDJ 理財網（統計至 2010/01/01 ～ 2011/12/31）

19.57%，但若用歐元計價報酬率是 26.02%，但用新台幣計算，報
酬率僅有 15.32%。同樣一支基金，卻跑出三個數字，真的讓人很
疑惑。

　　但如果我們追蹤這段時間的匯率變化，你會發現，這段時間歐
元兌美元匯率從 1.4334 跌到 1.3410，歐元貶值了 6.45%，而美元兌
新台幣匯率從 31.706 跌到 30.358，也就是美元兌新台幣貶值 4.25%
（新台幣升值 4.25%）。

　　我們以美元計價的基金為基礎，基金報酬率在這段時間成長
19.57%，但因為同一段時間美元兌歐元匯率升值了 6.45%，所以再

加上匯率升值，換算成歐元計價，報酬率就成為 26.02%。

　　同樣的，我們看這段期間，新台幣兌美元升值 4.25%，也就是美元兌新台幣貶值 4.25%，所以，將美元計價報酬率 19.57% 減掉匯率貶值 4.25%，報酬率成為 15.32%。

　　經過這個試算，是不是可以了解，為什麼同一支基金，不同幣別的報酬率差很大。

看報酬率高低，可別被匯率變動搞混了

　　我們看上述的例子，如果在 2010 年初，買進歐元計價的富達新興市場基金一年，看似賺最大，但計算基礎是以歐元買進、賣出後仍持有歐元。如果你賣出後，要將歐元轉換成美元或新台幣時，就會產生匯率損失。另外，你也會發現，因為這段期間新台幣對美元或歐元都升值，所以，如果你用新台幣去換外幣，再購買基金，不管你選擇美元計價或是歐元計價基金，最終賣回新台幣時，得到的報酬率都是 15.32%。

　　所以，你搞懂了嗎？同一支基金淨值變化是一樣的，但為何報酬率計算出來不同，關鍵在於匯率。只要匯率方向改變，結果就會大大不同。

　　舉例來說，如果這段時間，歐元兌美元升值 5%，則以歐元計價的淨值報酬率，呈現出來的結果就比美元計價的少 5%。又如這段期間內，新台幣大幅貶值 5%，則以新台幣計算後的報酬率就會比美元計價多 5%。

投資國匯率變動，影響比計價貨幣大

究竟，買基金時要選擇哪一種貨幣計價才對呢？其實，這是沒有標準答案的。因為，這牽涉到三種貨幣的關係，包括新台幣、美元、歐元三角關係。但其中還有很多隱藏的匯率變動是你不知道的，例如這檔富達新興市場基金，它可能廣泛的投資在全世界，包括巴西、印度、印尼、韓國等，因此，你看到的淨值變動，都是已經反應了當地貨幣升貶值後的綜合結果。

舉例來說，如果你投資一支印度基金，雖然計價幣別是美元，最終還是要換成印度盧布投資印度股市，因此，如果印度股市與盧布都上漲，對這支基金的最後淨值都有貢獻，跟計價幣別美元，其實是沒有什麼關係的。

於投資期間，若新台幣對盧布升值，對投資印度基金較不利；但若新台幣對印度盧布貶值，則投資印度基金還有匯率升值的好處。

有外幣帳戶的人，盡量以原貨幣投資

目前美元仍是國際主要貨幣，因此全球大部分共同基金計價幣別是美元，台灣人一般也都有美元帳戶，所以，進行海外投資可以盡量選擇美元計價的基金，包括亞洲區的基金，大部分計價幣別也是美元。但若是投資歐洲地區的股票與債券，則可選擇歐元計價，以達到幣值分散的效果。

如果個人原先就有外幣帳戶，如美元、歐元，最好直接以外幣投資境外基金，就可降低外幣兌換的風險。

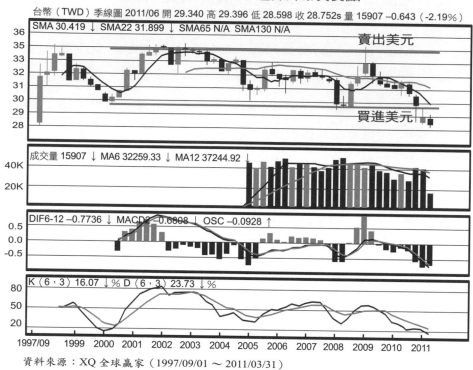

掌握新台幣匯率區間,選擇外幣買賣點

台幣(TWD)季線圖 2011/06 開 29.340 高 29.396 低 28.598 收 28.752s 量 15907 −0.643 (−2.19%)

SMA 30.419 ↓ SMA22 31.899 ↓ SMA65 N/A SMA130 N/A

賣出美元

買進美元

成交量 15907 ↓ MA6 32259.33 ↓ MA12 37244.92 ↓

DIF6-12 −0.7736 ↓ MACD2 −0.6808 ↓ OSC −0.0928 ↑

K(6,3)16.07 ↓% D(6,3)23.73 ↓%

資料來源:XQ 全球贏家(1997/09/01 ～ 2011/03/31)

趁新台幣強勢時,可多兌換外幣

　　選擇以外幣直接投資境外基金,平常要掌握新台幣兌換外幣的好時機,例如,當美元兌新台幣低於 30 元時,大約是在新台幣的歷史高檔區,此時應多買一些美元,充實自己的美元資產。又如歐元兌美元如果有機會低於 1.2 歐元時,也是相對低檔區,此時買歐元也是好時機。

　　利用台幣升值好時機,多兌換一些外幣資產,以利於未來進行

海外投資時，不需要承擔較高的匯率風險。而境外基金賣出時，也可直接轉進外幣帳戶，減少匯兌變動。

新台幣計價也有匯率風險

從 2010 年下半年起新台幣快速升值，許多人認為投資境外基金會有匯率損失，投資意願會大打折扣。但也有部分投資人認為，可以選擇新台幣計價的基金，就沒有匯率風險了。事實真是如此嗎？當然不是。

只要基金投資的地區是國際股市，就必須兌換成當地貨幣投資，所以即使用新台幣計價，基金公司一樣要兌換成外幣進行投資，最終再根據當天新台幣匯率轉換成新台幣淨值。當然，投信公司可以進行一些匯率避險的操作，例如買賣一些遠期外匯，但做這些避險操作也需要成本，因此有些公司是採取自然避險，也就是不做匯率避險。

降低海外投資匯率風險的兩個策略

進行國際投資，是為了參與其他高經濟成長區的股市成長，或為了分散風險。通常越是經濟成長區，幣值越有升值機會，例如 2010 年股市漲幅最大的泰國，當年泰銖升值也接近 12%。一般而言，股市漲幅會超越匯率變動，因此，當經濟景氣復甦、股市進入多頭市場時，進行一些國際股市投資，還是比擔心匯率風險要來得重要。

此外，匯率變動很難掌握，比如過去一年新台幣明顯升值，但未來一年新台幣是否會持續升值？未來三年新台幣走勢又如何？不只沒有人知道，也難以掌控。我認為與其擔心匯率變動，還不如用簡單的策略來對應匯率風險。

策略一，定時定額投資，可降低匯率風險

一般人以新台幣資金為主，如果採取定時定額投資，可以用新台幣直接申購，因為股市買點分散，匯率買點也分散，已經達到自然避險的功能。長期投資下來，匯率風險相當有限。

策略二，單筆投資可開設外幣帳戶，趁便宜買外幣

單筆投資比較容易受到買賣時點匯率的影響，想降低匯率風險，最簡單的做法就是「開設外幣帳戶」，利用新台幣升值機會多購買一些外幣，日後進行國際投資時，可直接以外幣申購，這樣就可以降低新台幣升值或貶值的風險。

一般人在新台幣升值時，都想把外幣換成新台幣，很少人可以逆勢操作，在新台幣升值時，適時的買進一些外幣資產。這個觀念上的調整如可以做到，才能打敗匯率風險，成為長期投資贏家。**$**

Part 4

立刻上場，
精采的藏富人生等著你

百戰百勝，三層樓基金投資術

▶▶ 一樓保本、二樓累積財富，三樓波段獲利

　　我最喜歡的一個電視節目是「全能住宅改造王」，每每看到破舊不堪的老房子，在建築師的巧思下，不僅讓房子的樣貌徹底改變，其中許多的細膩安排更讓屋主感動流淚，看到最終的幸福結局，總是讓我心情激盪。

　　許多人在看這個節目時，可能欣賞的是最終場的漂亮結局，但是我卻注意到，建築師在重建過程中，首要任務是確認房子結構堅固，可以讓這個老房子再使用二十年以上的用心。

住宅改造三部曲

　　我發現這個節目，第一個階段都在調整房子的地基與結構。例如，如何讓腐朽的樑柱，換上新的支撐，如何重新灌漿、讓地基補強。基本功夫完成後，第二個階段是提升房子的使用價值，包括，房間如何規劃、衛浴該放哪裏。最後一個階段才是房屋美妝，例如嶄新的廚具、充滿綠意的陽台……等。

　　我們視覺所見，是最後妝點的階段，讓人感受驚喜或心曠神怡，但是，決定這個房子長期使用價值，則在於第一、第二階段，打下的穩固基礎。

奇芬教你把錢藏起來

按照三層樓基金組合法，第一、二層樓的基金資產，幾乎不太需要管理更動，多注意比重分配就可以了。真正需要花心思照顧的，只有第三層樓的基金。選擇你最有興趣、或最擅長的二、三支基金，在趨勢反轉前提早落袋為安，或是管控虧損即時出場，就可以當投資贏家。

我發現，蓋房子的理論用在個人資產管理上，也是非常的貼切。想像中，我們投資基金就像要為自己建構一棟堅固的資產大樓，而你會如何規劃這棟基金大樓呢？

每個人都能用的三層樓基金投資法

我們以 100 萬元為例，來蓋自己的基金大樓，我建議可分為三層樓來建構自己的基金組合，第一、二層是基礎，著重在長期資產累積，第三層樓才是創造績效。

第一層樓，打好地基，以保本基金持有

不管發生金融風暴或經濟衰退都不怕。這個部分可以持有定存、全球政府公債、全球新興市場債券……等相對穩健的產品，比重以 20 至 30 萬元規劃。

有人擔心債券基金，遇到升息階段或是金融風暴期，也會出現淨值下跌的現象。不過，如果你追蹤債券基金長期績效，你會發現幾乎都可以打敗定存，所以，這類產品可以安心持有，不需要頻繁變動。

第二層樓，長期資產累積，定時定額買進股票基金

　　為自己存退休金或子女教育金，這部分建議以股票型基金為主，但採取定時定額投資，以達到分散投資的穩健效果。最不需要花腦筋的方法，就是在美洲、亞洲與歐洲各買一支區域型基金，如果你偏好新興市場的高成長，可以新興市場基金為主，或是成熟市場與新興市場各半，都可以達到分散的效果。以 100 萬元總資產來規劃，投入目標金額約 40 萬元，可分散二至三年投入（平均每個月 15,000 到 20,000 元分批投入），在還未投資前資金可先以新興市場債券基金持有，再陸續以定時定額轉進股票型基金。

　　這部分投資是為了長期累積資產，因為分散買進風險較低，並不需要常常調整或管理。只要在景氣趨勢過熱時，適度的做停利。建議投資人以每個月的薪資帳戶定期扣款投資，可以達到強迫儲蓄的功能。

第三層樓，創造美好生活，單筆投資波段獲利

　　前面基本功都做到，資產基礎已相當穩固，若還行有餘力，就可以嘗試提高投資報酬率。如果有幾次看對時點與產品的單筆投資，可以拉高整體資產報酬率，不過，這屬於高難度挑戰，最好占總資產比重不要太高，大約在 30 至 40 萬元左右。

　　由於目標是提升報酬率，可以選擇新興市場股票基金、單一國家股票基金、或熱門的天然資源基金、高收益債券基金……等。最好選擇自己長期觀察或是熟悉的產品，才能掌握適當的進出點。由於這部分投資風險較高，最需要花費心思研究，同時要懂得適時停損停利，才不至於賺不到反而虧大了。

基金組合大樓			
資產組合	功能	方法	適合產品
第三層樓 （30～40%）	短中線 趨勢財	單筆／ 時間不定	・ 單一國家股票基金 ・ 產業基金 ・ 主題式基金 ・ 高收益債券 ・ 小型股基金
第二層樓 （30～40%）	穩定的 增加收益	定時定額／ 時間 3 至 5 年	・ 區域型基金 ・ 美、歐、亞三大市場分散 ・ 成熟與新興市場分散
第一層樓 （20～30%）	安全可靠	單筆／ 時間 3 至 5 年	・ 定存 ・ 全球政府債 ・ 新興市場政府債

【說明】每層樓比例，可依個人願意承擔風險而定。

循環賺錢的基金管理法

雖然按照前述原則規劃了基金組合，但隨著市場上下變動，基金組合比重也將產生改變。例如，第二層樓的資產累積，經過三、五年的投資後，比重可能大幅提高，這個時候就需要重新調整。又如，第三層樓的單筆投資，可能大有斬獲或虧損，對整體資產比重也會產生影響。因此，投資人可採取三種策略來因應基金組合的變動。

策略一，固定比例法，動態調整基金比例

假設按前述三層樓各 30 萬（30%）、40 萬（40%）、30 萬（30%）的基金比例投資，投資一段時間後，因為市場大好，整體

資產變成 31 萬（25%）、50 萬（40%）、45 萬（35%）。則可以適度的賣出第三層的股票基金 7 萬元，放到第一層的債券資產中，則整體基金組合重調為 38 萬（30%）、50 萬（40%）、38 萬（30%）。

這個做法的優點是，可以適度分階段獲利，同時讓穩定資產比重持續成長。但萬一第三層基金沒有賺錢，反而虧損時，該怎麼辦呢？建議此部分採取 20% 停損法，先賣出以現金持有，再等待下一次較好的進場點。可千萬別拿第一層的資金回來補，免得越攤越平喔。投資人可以每季檢視一次整體基金組合比例即可，不需要時常調整。

策略二，景氣反轉退場法，從高點下跌 20% 就賣出

許多人認為，在股市多頭階段應該趁機獲利，不宜太早賣出風險性資產。如果想讓單筆投資獲利續抱，那就要更謹慎的觀察第三層樓基金的變動。當單筆基金淨值，出現從最高點下跌 20% 時，一定要趕快觀察經濟環境是否出現反轉現象，如果按照春夏秋冬投資術判斷（後續章節將會詳細說明），已有風險大增可能，最好趕快賣出第三層單筆基金。同時把資金先行轉進第一層的債券產品。等到市場修正完成，確認回升後，再轉回第三層的股票產品投資，這個期間有時候要等待一、二年左右。

同樣的，此時第二層定時定額基金也可以先行賣出。賣出後仍要持續定時定額投資，而當出現市場危機與恐慌時，更可將原先賣出資金作為定時定額加碼的籌碼。

採用這種策略，重點是要會觀察市場趨勢，特別要注意的是高檔出場點的掌握。

策略三，獲利目標設定法，賺 30% 賠 15% 就出場

這也是針對第三層基金，設好停利與停損目標區，一旦達到獲利設定目標，如 20%、30% 就賣出，而虧損的 10%、15% 也要徹底執行。但其實這種做法，會消耗較多交易成本，並不特別推薦。

把焦點放在第三層樓的高風險資產

你會發現，按照前面的三層樓基金組合法，第一、二層樓的基金資產，幾乎不太需要管理更動，多注意整體比重分配就可以了。真正需要花心思照顧的，只有第三層樓的基金，但因為比重不高，萬一碰到金融風暴，對於整體資產的影響也有限，可以讓這棟三層樓房非常穩固、颱風來也不怕。

投資人平常不需要花太多時間理財，只要把重心放在專心照顧第三層基金即可，建議選擇你最有興趣、或最擅長的二、三支基金，多閱讀相關資訊以掌握趨勢，同時也可注意該基金與同類基金相比，是否有表現大幅落後的現象。因為關注焦點集中，更可以即時掌握變動，在趨勢反轉前提早落袋為安，或是管控虧損即時出場。

建議投資人，心中常常有三層樓基金分配，類似建立防火牆的觀念。當然，三層樓的配置比重可依個人願意承受的風險而定。但要特別小心，第三層樓的高風險產品可以幫你創造獲利，但往往也是產生虧損的元凶，務必要多多投以關愛的眼神。**$**

什麼時候該賣基金？

▶▶ 掌握基金四個最佳賣出點

　　周末夜晚，幾個老同學約在東區聚餐，吃過豐盛的義大利餐後，聊著聊著，話題不知不覺轉到了最近熱門的投資市場。

　　「我去年買了一支東南亞基金，大賺 100%。」小慧笑著說。

　　「嗯，金融風暴後，我在低檔買了一檔高收益債，一年內竟然賺了 50% 呢。」玫玲也得意的說。

　　「你們都那麼好，我買了一支替代能源基金，定時定額買了三年，別的基金都獲利了，這支基金還在住套房。」金燕哀怨的說。

　　「理財專家，我的東南亞基金要不要賣了，就怕又要跌了。」小慧說。

　　「我的替代能源基金既然都不動，是不是該死心出場了。」金燕也問。

　　買基金前頭痛，因為不知該買那一支？買了基金後也頭痛，因為不知道何時該賣？那些基金該賣？

你可以掌握四大時點賣基金

　　投資市場有一句諺語，「會買的是徒弟，會賣的才是師傅。」可見，買基金、買股票都不難，最難的在於適當的出場點。究竟何

奇芬教你把錢藏起來

當處在一個景氣從谷底、復甦、邁向繁榮的多頭市場中，應該抱牢手上的股票型基金，不要輕易賣出。但當景氣正在繁榮高峰、股票市場卻無法再創新高，顯示趨勢即將改變、空頭市場快要來臨，這時不要管你手上的股票型基金是賺是賠，趕快賣出股票產品轉進債券型產品。

時該賣出手上的基金呢？把握四大心法，你可以輕鬆獲利下車。

時點一，景氣趨勢方向轉變

經過金融風暴的洗禮後，很多人都有居高思危的危機感，而金融機構的理專為了怕投資人抱怨，也紛紛強調短線投資，只要賺到 10 至 15% 就鼓勵投資人出場。對於這種做法，我深深不以為然。因為，投資基金是為了賺景氣大波段的財富，不是為了賺價差，因此，在投資趨勢改變前是不需要頻繁買賣基金的。

當你處在一個景氣從谷底、復甦、邁向繁榮的多頭市場中，應該抱牢手上的股票型基金，不要輕易賣出。但當景氣正在繁榮高峰、股票市場卻無法再創新高，顯示趨勢即將改變、空頭市場快要來臨，這時不要管你手上的股票型基金是賺是賠，趕快賣出股票產品轉進債券型產品。

不要跟市場趨勢唱反調，才是當基金贏家最重要的關鍵。但這種趨勢投資法比較適合個性穩健的中長線投資人，才能耐住性子抱二到三年以上，如果是個性急躁的投資人應該無法忍受此漫長的等待。但要做趨勢投資，必須學會看懂趨勢，否則追逐市場的結果，可能會大賠收場。

時點二，買的基金績效大幅落後

　　有時候，市場表現非常好，別的基金績效也快速上漲，可是偏偏你買的基金表現卻大幅落後，這個時候，你可能要考慮賣出這支基金，轉而投向另一支基金的懷抱了。

　　究竟，怎樣才算是「表現差」呢？一般我們先拿基金與市場指標（bench mark）來做比較，也就是如果你投資台股基金，當然是先看這支基金與台灣加權股價指數表現來做比較，如果此基金表現持續半年以上，漲跌幅比加權股價指數差，和所有基金相比排名又落在一半之後，應該選擇賣出此基金。如果此基金表現優於加權股價指數，排名也維持在同類前三分之一，則即使它不是目前排名第一的基金，仍可以持續抱住，不須賣出或轉換。

　　一般而言，我們不會因為基金一個月的表現落後就賣出它。按照前面四大心法挑選出來的基金，我們保持一個月觀察一次即可，看近三個月、六個月績效是否可以保持，如果連續三個月績效落後市場指標（bench mark），三個月、六個月績效在同類基金排名落在一半之後，就要考慮轉換基金了。

時點三，達到獲利設定目標

　　雖然我不鼓勵頻繁買賣基金，但許多投資人仍然認為保持獲利戰果最好的方法，就是設定獲利目標如 20 至 30%，只要基金獲利目標達到，不問市場如何，先賣再說。

　　這樣做的好處是獲利可以落袋為安，而且如果操作得宜，等市場回檔再買進，達到獲利目標再賣出，同一筆資金或許有

機會達到雙倍以上的獲利，這是許多人夢想的操作方式。

這樣操作模式比較適合短線投資人，必須時時緊盯市場，而最大的風險仍在於市場趨勢改變。當賣出基金等市場下跌想再買進時，萬一市場趨勢已經改變，買進的基金不僅無法獲利，反而會產生虧損，這個時候一定要壯士斷腕，趕快停損出場。

此外，達到獲利目標就出場，有時也會錯失賺大錢的機會。舉例來說，在 2008 年金融風暴後，如果在 2009 年第一季、第二季買進基金的投資人，到年底有機會賺到 100% 報酬率，但若 30% 獲利就出場，反而少賺了很多錢。

時點四，達到停損設定目標

停損出場對投資人來說是痛苦的經驗，但卻是要成為基金投資高手必學的功課。買基金不要只想著賺多少才出場，一定要先想清楚，虧多少錢之前一定要出場。

我建議虧損目標設在 15 至 20% 以內，因為這樣的範圍一般人還可以忍受，未來彌補虧損的機會也更大。如果虧損超過 30% 以上，許多人就想把基金鎖在保險箱裏，再也不要看見它了。

許多投資人並不了解投資市場的變動，也不懂得觀察趨勢，如果只是人云亦云盲目買進基金，保護自己的最好策略，就是設定停損目標。不管當時市場氣氛是好是壞，經濟是繁榮還是衰退，只要投資產生虧損，先退場再說。寧願抱現金也不要讓自己的財富縮水。

巴菲特說，投資最重要的原則，第一條，不要虧損，第二條，請看第一條。切記、切記。$

看懂各國央行的利率祕密

▶▶ 升息買股票，降息買債券

「央行開始升息，是不是緊縮銀根，這對股市很不好，我手上的股票基金要不要趁機獲利了結？」

「你總是說做投資要看懂景氣循環，那要用什麼指標來判斷，何時買股、何時賣股呢？」

我經常被問到這樣的問題，如果只能找一個指標來判斷投資方向的話，「利率」真的就是一個最簡單好用的指標。而這個指標連巴菲特都曾說，「利率對於金融市場的作用，等於重力對於物體的作用」。

想要當一個投資市場的高手，讓我偷偷告訴你一個超簡單的口訣，就是「央行升息階段買股票，央行降息階段買債券或是抱現金。」

降息賣股票，可逃過金融風暴

讓我舉一個簡單的例子來回顧，2007 年 9 月 18 日，是美國聯準會（Fed）在持續升息四年後首次開始降息，而美國股市在 2007 年 10 月創新高後，就開始反轉下跌。之後聯準會持續降息，一直到 2008 年 12 月 16 日將聯邦基金利率降到 0 至 0.25%。這段時間

奇芬教你把錢藏起來

各國央行在面臨經濟衰退階段，會以降低利率的手段來刺激經濟，提供企業便宜的借貸成本，但若是景氣開始復甦，央行就會慢慢收回資金，讓利率回復正常水準。因此，升息階段投資人應該樂觀期待景氣行情來臨，但進入降息階段表示景氣轉壞，反而要退出市場。

不僅美股大跌，還經歷了一場全球金融風暴。

換句話說，從美國聯準會開始降息的那一天，賣出股票轉進債券，不僅可以逃過金融風暴，還可以賺到債券價格上漲的好處，所以，看到央行開始降息，就是賣股票買債券的時刻了。

降息代表央行對未來景氣看法轉趨保守，開始以降低利息來減輕企業的負擔，同時希望提供市場上較多資金流動性。當開始有降息預期時，市場利率下滑、債券殖利率下跌，而此則表示債券價格上揚，提供債券投資人除了利息之外，還有賺資本利得（價差）的機會。

一般而言，當景氣下滑時，資金會轉向可提供保本保息的債券產品，尋求資金避風港。可是，2008 年美國次貸危機引起的金融風暴，各國央行以快速降息拯救危機，但債券價格卻也同步下跌，讓許多人跌破眼鏡。難道，這個投資定律失靈了嗎？

遇上景氣亂流，小心才是上策

當遇到景氣亂流時，資金要尋找安全的地方停泊。過去美國與歐洲等成熟經濟體的政府公債，被視為最安全的工具，自然成為資

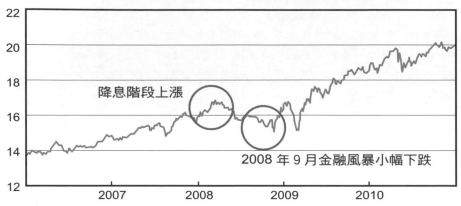

降息階段債券價格上漲，風暴平息後債券持續上漲

降息階段上漲

2008 年 9 月金融風暴小幅下跌

━ 富蘭克林坦伯頓全球投資系列全球債券基金（美元）基金淨值走勢圖
資料來源：MoneyDJ 理財網（2000/01/01 ～ 2010/12/31）

金追逐的重心。但是前波的金融風暴危機中心，是歐美先進國的金融機構，甚至還有國家如冰島，面臨破產危機，而且之後又陸續傳出南歐國家債務危機，因而讓國際債券市場受到不小衝擊。

　　換句話說，當進入降息階段時，還是要考慮債信評等，優先以債信良好的政府公債為主。由於目前有一些國家財政體質不佳，債信評等被調降，所以，並不是所有政府公債都可以安心購買，還是要經過挑選。不然，寧願抱現金也好。不過整體而言，在降息與金融風暴階段，雖有些債券價格下跌，但跌幅相較股市要小很多，而且也比較快速回升，透過基金經理人挑選適合的債券組合，還是可以發揮抗風暴的效果。

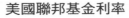

美國聯邦基金利率

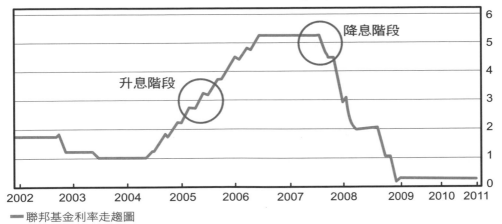

資料來源：XQ 全球贏家（2000/12/01 ～ 2010/12/31）

央行升息代表景氣復甦

在歷經全球金融風暴之後，各國央行幾乎都把利率調降到歷史低點，但有幾個國家卻率先開始升息，包括澳洲、印度、中國……等。媒體總是報導，「央行要升息了，投資市場要小心」，其實，正好相反，央行升息階段，股票市場往往是持續創新高的走勢。

各國央行在面臨經濟衰退階段，會以降低利率的手段來刺激經濟，提供企業便宜的借貸成本，但若是景氣開始復甦，央行就會慢慢收回資金，讓利率回復正常水準。因此，升息階段投資人不用擔心央行縮緊銀根，反而，應該樂觀期待景氣行情來臨，股市沒有看壞的道理。

停止降息時，股市領漲

但如果我們要等確認景氣復甦、央行升息才開始投資，可能會錯失最佳賺錢機會了。當各國央行持續快速降息之後，會有一段時間暫停降息，讓利率停在低檔，這表示央行正在觀察經濟危機是否已經受到控制。若觀察連續三個月以上，央行沒有採取行動，可能就會出現第一波股市跌深反彈的機會。

以美國為例，2008 年金融風暴發生前，美國聯準會已經連續降息一年，因此當雷曼事件發生後，聯準會又快速降息三次，在 2008 年 12 月 16 日已經將利率降到 0 至 0.25%。之後，於 2009 年 3 月之後，美股就出現第一波跌深反彈的行情。

升息初期，股市持續攀升

金融風暴後，歷經兩年的時間，許多國家已經紛紛展開升息階段了，例如澳洲央行首先在 2009 年 10 月開始升息，印度、中國、巴西也紛紛跟進升息，但是美國聯準會仍按兵不動，同時還展開兩波量化寬鬆政策，大量買進政府公債。由此可見這些國家的經濟狀況差異極大。

但不管是美國暫停降息，利率維持在低檔，還是像澳洲多次調升利率，這段期間該國股市與國際股市都是持續上漲。因此，升息階段抱牢股票，還是正確的投資準則。

但是不是所有升息階段，投資人都可以輕鬆投資，通常到升息的末段時，投資風險大幅上升，也是投資人要開始戒慎恐懼的時刻。

降息階段先避開股票基金，但不再降息後，就可進場買股票基金

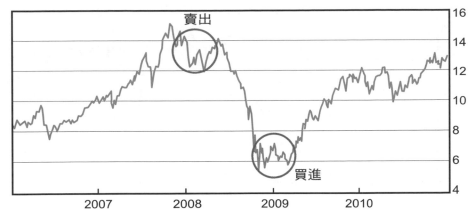

■ 施羅德環球基金系列 - 新興市場 A1 類股份 - 累積單位基金淨值走勢圖

資訊來源：MoneyDJ 理財網（2006/01/01 ～ 2010/12/31）

通膨上揚，升息末段要小心

　　一般而言，央行升息的第一階段只是把利率從超低水準回復到正常水準，但是，進到第二階段的升息，可能是因為經濟過熱，要控制通貨膨脹壓力。如果央行連續升息，是為了控制快速上升的通貨膨脹時，則投資人要小心，投資市場即將出現變化了。

　　還是以美國為例，2006 年 6 月美國聯準會將聯邦基金利率升到 5.25% 之後，長達一年的時間內，都沒有再度升息的動作。但是，在高利率壓力下，陸續傳出一些房地產貸款公司倒閉的新聞。雖然這段利率維持高檔的階段，美國股市仍然迭創新高，但是，投資市場的風險在此時已經大幅提高。

　　再舉台灣為例，在上一波景氣最高峰，2007 年 12 月台灣央行的重貼現率升高到 3.375%。進入 2008 年後，經濟成長動能已出現

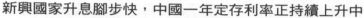

新興國家升息腳步快，中國一年定存利率正持續上升中

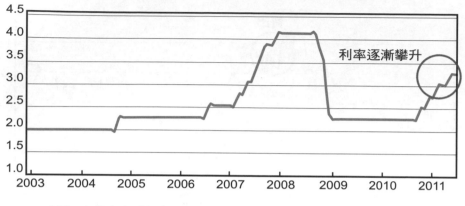

利率逐漸攀升

━ 中國一年期定存利率（月底值）

減緩跡象，但是國際油價等原物料價格高漲，台灣的消費者物價指數處在超過 4% 的高水準，讓央行在三月與六月又連續升息兩次。

因此，投資人還是要密切觀察通貨膨脹的變數，如果是因為 CPI 指數大幅上揚的通膨壓力，讓央行持續升息，則不能安心的認為還可以放心投資股票。因為，通膨壓力將使成本大幅提高、企業獲利下滑、民眾購買力下降，經濟景氣即將反轉。所以，利率水準進入歷史高點時，就是要準備賣出股票的訊號了。

跟著央行這位「老先知」行動，包準沒有錯

我曾一再指出，中央銀行是投資市場的先知。我們的能力無法超越中央銀行總裁，但是，我們可以跟著先知的行動來投資，升息買股、降息買債。簡簡單單，就可以當理財先知。$

藏富

看懂各國央行的利率祕密

立刻上場，精采的藏富人生等著你．

春夏秋冬，買基金也要懂得換季

▶▶ 看懂景氣指標，投資跟著季節走

有一次朋友邀請我到一個社團演講，演講結束後，幾個中小企業老闆過來跟我聊天。他們說，其實平常也有委託專家理財，但是資產管理的效果不彰。

「專家都說不要買高賣低，但實際操作上，專家也無法脫離這樣的結果。」他們很無奈的表示，自己並不喜歡買賣股票，因為要花太多時間與精神，心想買基金交給專家理財很放心，但理財顧問給的意見往往也是追高殺低，結果並不如預期。

掌握經濟循環當個聰明投資人

「你提出春夏秋冬投資術，聽起來很簡單，但實際上要怎麼判斷呢？另外，什麼季節要買什麼基金呢？」其中一位企業老闆很好奇的問。

沒錯，我在前一本書《治富：社長的理財私筆記》中，提出「春夏秋冬投資術，掌握經濟景氣循環來做投資，春天開始投資股票型產品，但秋天要記得收割，轉為債券型產品。」老實說，基金經理人無法改變市場趨勢，而且每種基金產品投資的標的大不相同，適合的季節也不一，因此，想要管好自己的財富，最重要的是

奇芬教你把錢藏起來

春夏秋冬投資術，掌握經濟景氣循環來做投資，春天開始投資股票型產品，但秋天要記得收割，轉為債券型產品。有時候，我們對於景氣反轉點無法抓得很正確，比較簡單的做法是「分批賣出」，第一次賣一半，第二次賣 1/4，第三次確認反轉，賣出最後的 1/4。

判斷景氣處在春夏秋冬的那個季節，然後選擇適當的產品投資。

看懂景氣四季變化，投資無往不利

富達資產管理公司提出一個「富達投資時鐘」的概念，將景氣循環分為復甦、過熱、停滯性通膨、通貨再膨脹四大階段，主要是考量兩個指標，經濟成長狀況與通貨膨脹率，根據當時處在哪個階段來決定適合的投資標的。富達公司每個月都會發布該公司觀點，指出目前景氣時鐘的位置，投資人可以參考。

我提出的春夏秋冬投資法，也是類似的概念，只是我用多個經濟指標來判斷景氣位置，並以投資人容易理解的春夏秋冬來區分投資季節。

參考的經濟指標，可以在圖表上看到，投資人可根據相關的訊號，來判定投資環境是處於經濟剛復甦的春天階段，還是已經到了景氣過熱的秋收季節。至於適合投資的基金產品，有以下四個簡單的心法，讓你投資無往不利。

富達投資時鐘，定期發表對景氣的看法

資料來源：富達證券網站

四大心法，掌握四季基金投資術

心法一：秋天楓紅，一定要賣股票基金與高收益債

　　投資最難的是掌握賣點。秋天一向是一年最美的季節，滿天的楓紅令人陶醉，企業獲利創新高、民眾消費意願也大增。但是，當你看到總體經濟產值雖然創新高，但成長率卻降低，而工業生產指數也從高檔有下彎跡象，而特別是消費者物價指數大幅上揚，這些訊號顯示秋天來臨。應該把手上的股票型基金、原物料基金、高收益債券基金快速賣出。

　　有時候，我們對於景氣反轉點無法抓得很正確，比較簡單的做法是「分批賣出」，第一次賣全部的一半，第二次賣四分之一，第

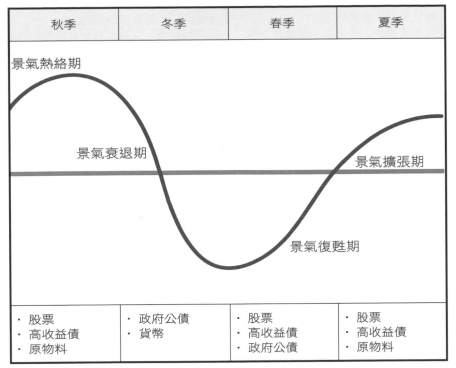

春夏秋冬投資術

秋季	冬季	春季	夏季
景氣熱絡期	景氣衰退期	景氣擴張期	景氣復甦期
· 股票 · 高收益債 · 原物料	· 政府公債 · 貨幣	· 股票 · 高收益債 · 政府公債	· 股票 · 高收益債 · 原物料

三次確認反轉，賣出最後的四分之一。

心法二：冬眠季節，抱現金與政府公債

當景氣下滑後，各國央行會開始降息，對於債券投資帶來債券價格上漲的利多。而景氣若持續轉壞，甚至有全球型金融風暴發生時，這時會特別擔心企業倒閉風險，應該避開高收益債券基金，甚至一些債信不佳的政府公債，以全球高評等政府公債為投資主軸，或是貨幣型基金、現金。

春夏秋冬投資術

景氣階段：景氣衰退 經濟成長率：從正成長轉為負成長 利率：開始降息到快速降息 PMI：大幅下跌，跌到 50 以下 CPI：從高檔快速下跌 **可投資基金標的** ・已開發國政府債券基金（高評等） ・現金 ・新興國家政府公債基金（高評等） 冬季末期 ・高收益債券基金（慢慢增加） ・股票型基金（慢慢增加）	**景氣階段：景氣開始復甦** 經濟成長率：從負成長到正成長 利率：不再降息，維持在低檔 PMI：從低檔往上攀升 CPI：極低 **可投資基金標的** ・股票型基金（各類） ・原物料基金、產業基金 ・高收益債券基金 ・已開發國政府公債基金 ・新興市場債券基金
景氣階段：景氣熱絡 經濟成長率：經濟成長率縮小 利率：快速拉高利率 PMI：維持在高檔，但有下彎的跡象 CPI：快速上升，處在歷史高峰 **減碼基金標的** ・股票型基金（陸續逢高賣出） ・原物料基金（陸續逢高賣出） ・高收益債基金（陸續逢高賣出） **可投資基金標的（秋季末期）** ・現金（慢慢增加） ・全球政府公債基金（慢慢增加）	**景氣階段：景氣擴張** 經濟成長率：高成長 利率：開始升息 PMI：上升到 50 以上，維持高檔 CPI：緩步上升 **可投資基金標的** ・股票型基金（各類） ・原物料基金、產業基金 ・高收益債券基金 ・新興市場債券基金 **減碼基金標的** ・長天期已開發國政府公債

（中央：冬 春 / 秋 夏）

【說明】CPI：通貨膨脹率；PMI：採購經理人指數。

心法三：冬天尾聲，先搶進高收益債與股票基金

不需要等到春天來臨景氣回升才開始投資，事實上，景氣還未回春，資本市場就已經先大漲一波了。例如，2008 年 9 月發生全球金融風暴，2009 年全球經濟仍處在衰退階段，但因為各國降低

利率、資金寬鬆，再加上有些好公司股價很便宜，吸引第一波撿便宜的資金進場，因此，2009 年第二季開始，股市就觸底回升，是投資股票型基金的最佳進場點。

這個階段因為不確定經濟危機是否完全解除，最好將資金分多次買進，可以更安心的在底部佈局。但以 2009 年這波的股市回升，因為全球資金過於氾濫，整整漲了一整年才看到第一次回檔整理，投資人想等第二次回檔再買，可就錯過最佳買點了。

另外，這個階段還有一個產品表現亮麗，就是高收益債。遇到金融危機時，高收益債是衝擊最大的投資標的，可是不是所有的高收益債都有倒閉風險，其中還是有一些體質較好的公司，因此，在恐慌性賣壓告一段落後，一些體質較好但債券價格大跌的公司，就會有撿便宜的買家出現，推升高收益債的表現。

心法四：夏天出現，加碼原物料基金、減碼債券基金

當景氣確定復甦，而且呈現明顯成長後，對於原物料的需求持續增加，也會推動原物料價格上揚，這個階段通貨膨脹的壓力會越來越大。而各國政府為免經濟過熱，也會開始採取緊縮措施。不同於剛開始的利率政策，只是先緩步上調，回到正常利率水準，而是開始表明政府的關切，與加速調高利率。

在這個階段，原物料價格上揚，原物料相關企業獲利大增，可以增加這類基金的持有。同時，因為有快速調高利率的風險，反而要開始減碼債券基金。

從以上四大心法，可以用經濟指標掌握經濟環境的春夏秋冬，配合於適當的季節買適當的產品，買基金不會再追高殺低了。**$**

單筆投資操作心法──
跟著巴菲特做投資

▶▶ 市場恐慌後，連三個月反彈就進場

　　投資人有一種羊群心理，就是當投資市場氣氛恐慌時，大部分投資人都想趕快逃離市場，而當投資市場氣氛熱烈、股市創新高時，許多才勇於進場買進。如果，你想當一個基金市場的投資贏家，一定要學會「反市場操作」，才能賺到錢。千萬不要再當一隻「迷途的羔羊」。

　　其實，不想當迷途的羔羊很簡單，跟著巴菲特買股就好了。既然巴菲特已經被全球譽為股神，媒體對他的一舉一動都詳細報導，想掌握他的行蹤並不困難。看巴菲特的行動，就跟看央行總裁的行動一樣具有參考性。

　　投資基金的方式有兩種，一種是單筆買進，一種是定時定額投資。採取定時定額投資法，著重在長期累積財富，比較不需要考量市場的高低買點風險，但如果是採取單筆投資法，則進場與出場點就相當重要，這個時候，不彷多多參考巴菲特的行動。

巴菲特常常逆著市場做投資

　　舉例來說，2003 年 4 月巴菲特以 5 億美元買進中國的中石油股票，一直抱到 2007 年 7 月開始賣出，10 月全部賣完，總計獲利

奇芬教你把錢藏起來

單筆投資最佳買點是在股市超跌階段，這個時候投資人信心不足，經濟景氣面烏雲密布，唯一只有中央銀行放鬆銀根利多。但股市是領先指標，只要股市不再繼續破底，月線連續三個月收紅上揚，就是單筆投資可以分批進場的時間了。

40 億美元。巴菲特賣出股票後，股市氣氛仍然熱絡，中石油股價持續上漲，許多人嘲笑說，巴菲特看起來也不怎麼高明嘛。但相隔一年，2008 年 9 月發生全球金融風暴，所有人回頭一看，發現巴菲特買賣中石油的時間點，竟然很高明的完全掌握前一波股市循環的最低點與最高點。

再舉一個例子，2008 年雷曼兄弟倒閉，引發全球金融危機，巴菲特在 2008 年 9 月 25 日以 50 億美元買進高盛股票。當時他以每股 125 美元買進高盛，同時還擁有未來可用每股 115 美元買進高盛股票的認股權證。可是買進後二個月，高盛股價大跌一半，市場又嘲笑巴菲特這次股神稱號失靈了。然而，事隔一年到 2009 年 10 月高盛股價最高來到 193 美元以上，嘲笑巴菲特的人還是自打嘴巴。雖然到 2011 年 6 月高盛股價又大跌，但也還維持在 130 美元以上。

巴菲特並非市場行情的追逐者，他總是強調要從公司價值來選股，但巴菲特在投資市場的行動，卻往往精準掌握投資環境的大趨勢。巴菲特曾說：「如果要等到知更鳥來報春，春天早就結束了」。因此，從 2008 年金融風暴後，他就陸續展開投資行動，投資人可能認為，巴菲特的進場時間過早，但換個角度來看，他的行

為不就說明了「危機入市，樂觀出場」的簡單法則。這種方法違反人性，但卻能賺大錢。

投資人也許看不懂，何時春天來臨，何時秋天已至？那就多在網路上搜尋一下巴菲特言論，看他對於該階段的環境看法是樂觀、還是保守，仔細參考就可以掌握投資大方向了。

但除了參考股神的行動外，還有幾個簡單的原則，是單筆基金投資人可以掌握的投資心法。

贏家心法一，先求不虧，再求勝

所謂單筆投資就是一次買進，買進成本已經固定，萬一自己看錯趨勢，買在股市最高點，保護資產的唯一守則就是「停損出場」。在做任何一筆投資前，都要先設定停損區間，我建議最好設在 10%，一看到跌 10% 一定要趕快尋找各種資訊，判斷景氣位置是否有從高檔反轉的跡象。如果訊號多空交錯難以判斷，還可以再多觀察一段時間，但是若基金跌幅超過第二個門檻 20% 時，建議立刻停損出場，寧願小賠，也不要冒著大損失的風險。

停損，絕對是單筆投資人最重要的投資心法，因為一旦錯過了保護資產的重要關卡，日後想要反敗為勝的難度將大幅提高。

舉例來說，如果基金下跌 20% 就趕快賣出，未來等市場走過陰霾明顯反彈再進場，只要淨值回升 25% 就可以弭平虧損。但是若投資人把基金鎖到抽屜不理它，若基金淨值下跌 80%，則要等回本必須基金淨值回升 400%，此不僅機率大幅縮小，時間也需大幅拉長。

單筆投資設停損點的重要

原投資金額 100 萬元	跌幅	相同漲幅後的金額	回到 100 萬元所需漲幅
90 萬	10%	99 萬	11%
80 萬	20%	96 萬	25%
70 萬	30%	91 萬	43%
60 萬	40%	84 萬	67%
50 萬	50%	75 萬	100%
40 萬	60%	64 萬	150%
30 萬	70%	51 萬	233%
20 萬	80%	36 萬	400%

　　不要認為這種情況不會發生，舉例來說，2008 年 5 月俄羅斯股市創新高後，連續下跌八個月，跌幅高達 80%，投資 100 萬元，可能只剩下 20 萬元。雖然 2009 年初俄羅斯股市觸底回升，到 2010 年底已經大漲了 260%，某一檔俄羅斯基金也同步反彈了 280%，但如果在股市最高點買進不停損的人，則仍然虧損 25%。但若他懂得在虧損 20% 以前停損出場，等低點確認反彈後再進場投資，現在可能已經多賺 100 萬元了。這就是停損的重要性。

贏家心法二，市場恐慌過後，連三個月反彈，分批進場

　　單筆投資最佳買點是在股市超跌階段，這個時候投資人信心不足，經濟景氣面烏雲密布，唯一只有中央銀行放鬆銀根利多。但股市是領先指標，只要不再繼續破底，就是開始撿便宜的時候了。

　　比較簡單的方法是，股市月線連續三個月收紅上揚，就是單筆投資可以第一次進場的時間了。以美國股市為例，2009 年 3 月

起漲點買進，單筆投資獲利大於定時定額

單位：%

基金名稱 ＼ 報酬率	台幣單筆 1 年報酬率	台幣定額 1 年報酬率	Benchmark 1 年報酬率
貝萊德拉丁美洲基金	115.09	56.19	98.14
保誠拉丁美洲基金	114.92	54.58	98.14
富達拉丁美洲基金	109.88	55.00	98.14
摩根富林明拉丁美洲基金	96.24	47.89	98.14
富蘭克林坦伯頓全球投資系列 拉丁美洲基金	96.24	47.89	98.14

資料來源：MoneyDJ 理財網（2009/01/01 ～ 2009/12/31）

開始，連續三個月股市上揚，雖然 6 月以後進場，股市已經上漲近 40% 了，但投資風險大幅降低，而且股市仍處在相對低檔，還是很不錯的買進點。

贏家心法三，以月 K 線掌握投資大趨勢

雖然我很重視經濟環境變化，主張觀察景氣春夏秋冬來掌握投資趨勢，但是在眾多參考指標中，股價指數本身也是一個很值得觀察的指標。如果是大趨勢的掌握，建議可以參考各國股市指數的月線圖，如果在股市接近歷史高點區，月線連三黑，很可能出現趨勢反轉，單筆投資人該逃離市場的時刻了。但如果是在歷史底部區，股市又連三紅，那就是可以進場的買點了。

起漲點，單筆投資獲利大於定時定額

如果可以掌握股市低點進場投資基金，單筆投資的報酬率是遠遠超過定時定額投資的。舉例來說，如果在 2009 年 1 月買進貝萊

德拉丁美洲基金，到 2009 年 12 月底，基金淨值上漲 115%。可是如果同樣時間，採取定時定額投資，則基金報酬率僅只有 56%。

可見，掌握到投資市場的起漲點，基金投資人應該大膽以單筆買進，才能大幅獲利。

不過，勇於在市場底部進場的投資人畢竟是少數，但這也是投資人最需要去揣摩學習的重點。即使不敢一次全數投入，把手上的資金，分三到四份分批買進，就可以不錯失好幾年才出現一次的最佳賺錢時點。$

定時定額投資操作心法——
景氣衰退進場賺最大

▶▶ 虧損時，更要定時定額堅定投資

　　股災，對許多人來說，都是痛苦的經驗。看著手上的資產大幅縮水，心痛、懊惱，糾結纏繞。但是，股災對另一些人來說，卻是賺錢的絕佳機會，甚或是反敗為勝的千載良機。問題是，你懂得掌握嗎？

　　一次在高雄的演講活動後，一位投資人過來跟我打招呼。他的故事，頗值得參考。

　　他是一位剛退休的上班族，正要享受退休生活，但又擔心退休金不夠，因此開始投資基金，想讓退休金增值，不至於坐吃山空。不幸的，他開始投資的時點在 2007 年下半年，起初基金創造了近 20% 的報酬率，讓他相當滿意。沒想到，步入 2008 年後，基金的表現逐漸下滑，而 2008 年 9 月發生全球金融風暴，更讓他手上的基金資產大跌近 50%。

　　對一個退休族而言，手上資產縮水是何等的打擊。但幸運的是，基金投資只占他退休金的四分之一，而他也廣泛的閱讀各種資訊，尋找應對策略。他看到我在部落格上寫著，要定時定額持續投資，來面對市場修正期。因此，他在投資市場的黑暗期仍然保持紀律、持續買進。到了 2009 年底，所有基金不僅轉負為正，還大賺一筆。

奇芬教你把錢藏起來

如果股價處在指數最高點打 7 折以下（下跌 30%），就可開始買進。例如，台股前波最高點 9,900 點，6,930 點以下就可開始定時定額買進。比較保守的做法，是訂兩年的定時定額投資計畫，也就是把資金分散成 24 個月，慢慢買進。當看到報酬率由負轉正，同時報酬率超過 50%以上時，就可準備分批出場了。

他很開心的跟我說，定時定額投資真的讓他反敗為勝。他在 2010 年初賣出了大部分的基金，同時重新尋找新標的，而經過這場震撼教育後，他對於投資基金也更有心得了。

災難來臨，一定有好康

聽到他的親身經歷，真令我為他高興。確實，我不管在部落格或演講活動中，都不斷的提醒大家，當遇到股災時，就是定時定額投資千載難逢的好時機。這真的是典型的「發災難財」的機會。

通常發生股市大恐慌，都是在經濟環境出現一些壞消息時，例如，2000 年網路科技泡沫，投資市場面臨一場腥風血雨，而 2008 年受到美國次貸風暴、雷曼兄弟破產襲擊，全球更是掀起一波金融大海嘯。

當全球媒體以大篇幅報導經濟危機時，其實，壞消息已經被充分傳遞了，因此，投資市場雖然面臨重挫，但卻是危機入市者，要開始找買點的時刻了。然而，在這個時點，我們對於政府採取的拯救措施是否有效？經濟何時可以復甦？完全沒有答案。面對茫茫然的未來，定時定額成為這個階段最佳的投資策略。

危機入市三大策略

策略一，何時進場？報紙大篇幅報導全球股災新聞時，開始進場

　　通常等危機事件爆發時，投資市場早就跌一大段了，所以，當看到重大壞消息時，就是可以積極進場的時間。如果還不是很放心，可以再檢查一下股價指數，如果股價處在指數最高點打七折以下（下跌 30%），就可以開始買進。例如，台股前波最高點為 9,900 點，6,930 點以下就可開始定時定額買進。

策略二，要投資多久？一到二年左右

　　當雷曼兄弟金融風暴發生時，許多媒體報導，這次危機可比 1929 年經濟大恐慌時代，全球將面臨長期經濟衰退。言猶在耳，不到一年股市就大反彈，經濟也緩慢復甦。而上一波網通泡沫，原先大家認為只衝擊網路產業，結果股市修正期長達兩年以上。

　　究竟需要多少時間，經濟才能免於衰退、股市可以再現雄風？這是沒有定論的。比較保守的做法，是訂兩年的定時定額投資計畫，也就是把資金分散成二十四個月，慢慢買進。一旦市場反彈的情況比預期要更順利時，可以將後續資金以單筆投入，不需要再慢慢買進。即使經濟復甦緩慢，一般而言，投資兩年以上也足以度過黑暗期。

策略三，何時要賣出？獲利 50% 以上，可以分批出場

　　其實，趨勢沒有改變以前不需要賣出，更何況定時定額著重在

股災後投資，定時定額與單筆投資一年報酬率的差異

單位：%

報酬率 基金名稱	台幣單筆 1 年報酬率	台幣定額 1 年報酬率	Benchmark 1 年報酬率
摩根富林明新興市場 小型企業基金	46.74	71.75	16.15
霸菱全球新興市場基金 - A 類美元配息型	32.30	42.34	16.15
施羅德環球基金系列 - 新興市場股債優勢 A1 類股份 - 累積單位	30.82	43.22	16.15
安本環球新興市場股票基金	30.55	44.33	16.15
貝萊德新興市場基金 A2-USD	27.08	47.13	16.15

資料來源：MoneyDJ 基智網（2008/10/01 ～ 2009/09/30）

長期累積財富，不在於賺價差。但是，許多投資人沒有耐性，不想等那麼久，以定時定額的投資特性，從股市重挫到回升階段，報酬率最高。所以，只要定時定額持續投資，當看到報酬率由負轉正，同時報酬率超過 50% 以上時，只想賺短線價差者，這時就可以準備分批出場了。

股災時，定時定額比單筆投資賺更大

我舉 2008 年金融風暴期間，全球新興市場股票基金的表現為例。從 2008 年股災後 10 月 1 日開始投資，到 2009 年 9 月 30 日正好一年，這段時間 MSCI 新興市場指數漲 16.15%，摩根富林明新興市場小型企業基金單筆投資一年報酬率是 47%，如果採定時定額投資，報酬率是 72%。

如果我們把時間拉長兩年來看，若從全球股市修正期開始，2008 年 1 月 1 日到 2009 年 12 月 31 日。這段期間 MSCI 新興市場指數下跌 20%。單筆投資摩根富林明新興市場小型企業基金的報酬率是 -10%，但若採定時定額投資報酬率是 53%。

從這個例子就可看出，遇到股災時刻，定期定額投資，可以充分發揮分散買進、低檔多買的效果，幫助我們度過市場修正期。以 2008 年股災後的投資市場表現，許多新興市場反彈幅度都超過 100% 以上，因此，若設定報酬率超過 50% 以上分批出場，應該都可以達成。

克服人性，定時定額不停損

由於定時定額買在股災階段效果最好，所以一定會經過一段人性煎熬期，在持續投資的過程中，眼看著手上基金淨值不斷滑落，基金報酬率出現極大的負數。但此時一定要發揮忍功、持續投資。

以我個人經驗為例，在 2008 年股災時，手上基金報酬率許多都達虧損 50%，但在持續投資下，一年多的時間，都出現大幅度的正報酬，反倒是 2010 年後投資市場進入盤整期，報酬率成長不多。所以，下次遇到股災時，你可以輕鬆的和朋友去喝咖啡、出國旅遊，讓定時定額基金幫你賺錢。

投資池子大小，決定是否停利賣出？

定時定額投資就是為了避免追高殺低，用紀律投資來對抗市場

景氣下滑階段開始投資，定時定額與單筆投資二年報酬率的差異

基金名稱　　　　　報酬率	台幣單筆 2 年報酬率	台幣定額 2 年報酬率	Benchmark 2 年報酬率
摩根富林明新興市場 小型企業基金	-9.85	53.52	-20.56
霸菱全球新興市場基金 - A 類美元配息型	-12.05	27.20	-20.56
施羅德環球基金系列 - 新興市場股債優勢 A1 類股份 - 累積單位	-17.85	24.50	-20.56
安本環球新興市場股票基金	-0.34	31.46	-20.56
貝萊德新興市場基金 A2-USD	-19.36	24.75	-20.56

資料來源：MoneyDJ 基智網（2008/01/01 ～ 2009/12/31）

波動，長期投資下來，應該會貼近市場指數的走勢。只要一個國家的經濟持續成長，股市指數持續創新高，投資人其實不需要停利，而應該長期持有才對（日本除外）。

但是，一般投資人沒有這麼大的耐性，在二到三年的時間內，我們看著股市上下波動，心情也跟著起伏，不是焦慮的想買、就是驚慌的想賣，心理煎熬不斷的吞噬著我們。因此，無法忍受二十年都不賣出持股的人，我會建議，定時定額投資人在景氣高峰時，可以先行獲利賣出。

此外，定時定額投資應不應該停利出場，還要看你的投資池子有多大？舉個簡單的例子，如果你每個月投資 1 萬元、投資了五年，總投資金額 60 萬元，卻正好碰到大股災，讓你的資產縮水一半。即使你持續投資，但每個月 1 萬元的資金投入，即使持續一年以上，和原本 60 萬元的本金相比，可以產生的攤平效果非常有限。

定時定額，循環式再投資法

單位：萬元

循環次數 年	第 1 次	第 2 次	第 3 次
第 1 年	12	24	36
第 2 年	12	24	36
第 3 年	12	24	36
第 4 年	12	24	36
第 5 年	12	24	36
合計賣出	60	120	180

【說明】每次循環不一定以 5 年為基礎，在此只是舉例說明，以 2000 年科技泡沫與 2007 年房地產泡沫為例，二次景氣高峰約距離 7 年。但下一次的景氣高峰是何時，誰也無法預言。

　　除非你持續投入 60 萬元，也就是另一個五年，才能發揮平均成本的效果。但我相信，很多投資人在投資第六年、第七年的時間，就會出現「定時定額投資了這麼久，怎麼讓我賠錢」的懊惱。

循環式停利再投資，可以降低投資風險

　　因此，如果想降低這種焦慮感，同時提高投資的效益，可以適時的停利再投資。舉例來說，如果每個月投資 1 萬元、投資五年，正好在股市高點採取停利出場。接下來，除了原先每個月預計投資的 1 萬元，再加上先前獲利賣出的金額，每個月至少可以投資 2 萬元，因此，下一個五年總計可以投資 120 萬元。這樣的投資策略，就不會有先前 60 萬元套牢，需要慢慢解套的問題，而增加每月投

資金額，也可以擴大低檔多買的效果。

　　但要採取這種投資策略，最大的困難，就是如何掌握停利點？這個部分可根據我前面建議的春夏秋冬投資術，觀察景氣的高峰是否出現，或是以中央銀行降息為一個重要的轉折點，來做適時的停利行動。

　　定時定額投資，就是要「不擇時進場」，擺脫投資人想要追逐市場的心態。其實，還是可以放輕鬆點，傻傻的買，最後傻人還是會有傻福的。$

定時不定額，讓你賺更大

▶▶ 淨值下跌 20%，投資加碼 20%

　　忙碌的上班族該怎麼理財呢？定時定額投資基金，一直是我最推薦的傻瓜理財術。說是傻瓜、其實聰明，不需要花太多時間，也不需要太多專業知識，只要堅定的執行，長期就可以達到不錯的理財效果。奉勸所有還沒有開始行動的人不要再觀望了，趕快行動才是正途。但還有比「定時定額」更聰明的投資方法嗎？有的，就是「定時不定額」。

　　所謂「定時定額」，就是在固定的時間、投資固定的金額。而「定時不定額」，則是在固定的時間，投入不固定的金額。至於金額該如何不固定呢？簡單的說，就是「跌時買多，漲時買少」，真正發揮「低點多買、高點少買」的精神。而這個修正版的投資法，可以讓你賺更大。

定時定額，分散買進降低風險

　　我舉個例子來說明（參見 P.200）。假設你第一次買進某支基金時，淨值 10 元，可是買進後市場下跌，基金淨值也直直落，到第 6 個月時，淨值只剩下 5 元，但你仍持續買進，到第 10 個月時，淨值回到 9 元。

定時不定額是一種違反人性的設計機制，它的特點是，當基金淨值下跌時，不僅要持續購買，還應該買更多。但實務上，可以做到的人極其少數，因為當市場大跌時，大家都想逃離市場，誰敢勇於加碼買進呢？如果可由系統來幫你執行投資，克服人性的障礙，則投資績效有機會大大提高。

假設你以定時定額投資，每個月投資 1 萬元，當淨值 10 元時買到 1,000 單位，當淨值跌到 5 元時，買到 2,000 單位，總計 10 個月買入 13,912 個單位。雖然，淨值還未回到最初買進的 10 元，但合計第 10 個月底時，總投資金額為 10 萬元，而基金總市值達 125,214 元，報酬率達 25.21%。這就是分散買進所發揮的功效。

定時不定額，低檔多買可提高報酬率

假設採取定時不定額的投資方式，該怎麼做呢？你可以設定，當基金淨值下跌 20%，跌到 8 元以下時（與首次投資相比），投資金額提高 50%，增加為 15,000 元，若基金淨值下跌 40%，跌到 6 元以下時，則投資金額提高 100%，增加為 20,000 元。

按照這樣的機制設定，總計 10 個月的投資金額提高到 15 萬元，累積單位數也增加為 21,924 個單位，基金總市值為 197,321 元，報酬率提高為 31.55%。比定時定額投資更高。

話說如此，我常覺得定時不定額是一種違反人性的設計機制，因為它的特點是，當基金淨值下跌時，不僅要持續購買，還應該買更多，例如，當基金淨值跌一半時，投資金額增加一倍。這個做法

定時不定額，讓你低檔加碼高檔減碼

投資時間	基金淨值	定時定額		定時不定額	
		投資金額	購買單位	投資金額	購買單位
1	10	10,000	1,000.00	10,000	1,000.00
2	9	10,000	1,111.11	10,000	1,111.11
3	8	10,000	1,250.00	15,000	1,875.00
4	7	10,000	1,428.57	15,000	2,142.86
5	6	10,000	1,666.67	20,000	3,333.33
6	5	10,000	2,000.00	20,000	4,000.00
7	6	10,000	1,666.67	20,000	3,333.33
8	7	10,000	1,428.57	15,000	2,142.86
9	8	10,000	1,250.00	15,000	1,875.00
10	9	10,000	1,111.11	10,000	1,111.11
單位合計			13,912.70		21,924.60
總值合計		100,000	125,214.29	150,000	197,321.43
報酬率			25.21%		31.55%

說起來言之成理，但實務上，可以做到的人極其少數，因為當市場大跌時，大家都想逃離市場，誰敢勇於加碼買進呢？

但如果採取一個固定投資機制，由系統來幫你執行投資，克服人性的障礙，則投資績效有機會大大提高。

觀察市場趨勢，設定加碼與減碼範圍

前面只是舉例說明，讓投資人了解定時不定額的投資概念。但

在實務上進行，我們該如何設定加減碼的界線標準呢？

第一，根據「買進點淨值」來加減碼

假設我們不知道買進時，市場位置是高是低，則可按基金淨值變化來設定加減碼，例如，淨值每上漲 20%，就降低投資金額 20%；上漲 40%，就降低投資金額 40%。相反的淨值每下跌 20%，就增加投資金額 20%；每下跌 40%，就增加投資金額 40%。當然，這樣做的先決條件是此基金績效良好，淨值下跌是市場因素，不是基金經理人操作績效不佳。

第二，根據「市場指數區間」來加減碼

更好的方式，應該是參考市場的位置，來決定投資加碼或減碼。舉例來說，台股長期的指數區間以 6,500 點為中間點，往上 2,000 到 8,500 點以上算是高檔區，往下 2,000 到 4,500 點以下算是低檔區。

如果你以台股基金為投資標的，可以事先設定，當台股指數在 5,500 到 7,500 點的範圍內，投資金額設定 10,000 元，但當市場指數在 7,500 到 8,500 點之間時，降低投資金額至 5,000 元。當指數區間在 8,500 點以上時，則不投資，同時，這個階段還要開始注意找賣點了。

但若市場大跌時，反而應該加碼，如指數區間在 4,500 至 5,500 點時，可提高投資金額到 15,000 元，若指數跌破 4,500 點時，更應該加碼到 20,000 元。

按照台股指數區間，調整投資金額

台股指數區間	投資金額
8,500 點以上	不投資，找賣點
7,500 至 8,500 點	5,000 元
5,500 至 7,500 點	10,000 元
4,500 至 5,500 點	15,000 元
4,500 點以下	20,000 元

我們以過去十年台股走勢為例，2008 年全球金融風暴，台股最低點是 2008 年 11 月 3,955 點。而上一次網通泡沫的最低點是 2001 年 9 月 3,411 點。而高點則出現在 2007 年 10 月 9,859 點，與 2000 年 2 月 10,393 點。因此，按照上述區間調整投資金額，應該可以發揮低檔多買、高檔少買的效果。

懂得買進時機也得銀彈充足

要執行定時不定額投資計畫，必須事先設定加減碼的條件，因此，我們必須先思考自己的投資策略，而不能盲目投資、隨波逐流。要做好這件事，有兩個先決條件，一是資金準備，一是對市場長期走勢的觀察。

由於必須發揮低檔加碼的功能，每個月投資金額可能產生變化，因此必須預留可加碼資金。投資人應該先盤算自己的投資能力，假設每個月定期投資金額為 20,000 元，則最好有額外的 20,000 元，以作為彈性運用空間。如果沒有這麼充裕的資金，則寧可降低原先投資金額為 10,000 元或 15,000 萬元，以保留彈性加碼

的能力。

　　不管是定時定額或是定時不定額，最重要的投資關鍵時點，都是在市場最糟的時候，要把握機會多買，因此，預留資金彈性才是成功關鍵。

根據標的尋找投資參考指標

　　前面我舉台股為例，投資人應該心有戚戚焉。聽起來投資台股好像很簡單，但真正身在市場中時，人卻往往迷失在當時的恐慌氣氛或是過度樂觀當中。

　　每個人投資的市場與標的不同，想要採取定時不定額的投資策略，則不彷去尋找相關參考指標，定出加減碼的投資範圍，讓我們的投資計畫更明確。舉例來說，如果你想投資拉丁美洲基金，則不妨參考 MSCI 新興拉美指數，上波最高點 2008 年 5 月 5,148 點，最低點 2009 年 2 月 1,962 點，取其中間值，中位數大致落在 3,500 點附近。因此，當 MSCI 新興拉美指數在 3,500 點以下時，就可以積極加碼。

　　不過，新興市場仍處在經濟長期成長階段，長線股市仍有持續創新高的機會，投資人還是要保持追蹤觀察，以適時修正相關的參考數值。

　　上述方法可以輕鬆運用到各種投資標的，包括單一股市、特定產業基金、區域基金等，都有參考指標可以運用，投資人可根據自己選定的投資標的來做計畫投資。

利用現成機制，紀律投資

　　定時不定額是定時定額的進化版，可以提高投資效率，但目前提供類似投資機制的銀行比較少，較多是投信公司針對直接往來的客戶，提供此自動投資設定。投資人可以利用現成的機制，進行更有效率的投資計畫。

　　但即使金融機構沒有提供這樣的機制，投資人仍然可以自行DIY，掌握各個市場高低點區間，進行自己資金加減碼的管控。有了這樣的紀律投資計畫，投資人更不容易發生高點追買、低點搶賣的不理性行為，反而可以成為一個輕輕鬆鬆賺大錢的贏家。 $

藏富

定時不定額，讓你賺更大

‧立刻上場，精采的藏富人生等著你‧

用技術分析，找基金買賣點

➤➤ 月 K 線掌握中長期大趨勢

「哇，2010 年泰國基金表現太棒了，如果我去年有買就好了！」我的朋友娟娟，看著一支泰國基金去年報酬率 70%，不斷的發出哀嘆的聲音。

「是啊，但是 2009 年表現最好的是巴西基金，我看到一支巴西基金報酬率 97%，讓我怦然心動趕快進場，結果抱了一整年，2010 年只賺到 12%。」另一個朋友美華很懊惱的說。

「ㄟ，基金專家，為什麼每年基金輪流漲，今年換到什麼地方呢？趕快報一下明牌吧。」娟娟急著要我給答案。

「誰那麼厲害，可以預言全球股市誰跑第一名？」我笑著說，「你們都太心急了，其實，即使股市都處在多頭走勢中，還是有些人快走、有些人停下來休息一下，嗯，搞不好，休息一段時間的市場，又開始快跑了呢！」

「對了，你常說基金是分散買進，會跟著市場趨勢走。」美華問，「我可不可以看股市的技術分析，選擇基金的買進賣出點？」

「你這樣說，也不能說錯，只是還是要搭配基本面來觀察，而且主要用在觀察中長線趨勢，可以幫助投資人趨吉避凶呢！」我回答。

奇芬教你把錢藏起來

一般而言，股市是領先指標，如果在經濟景氣的最高峰，股市卻突然出現暴跌，投資人最好提高警覺，一旦有跌破月線或季線的現象時，最好先退出市場。但相反的，在金融風暴、經濟衰退期，股市卻出現大幅反彈回升，此漲勢若能穿越季線，則是一個可以開始逢低佈局的時點。

用月 K 線看大趨勢

大家都知道基金是長期理財工具，但我周邊的朋友，大部分都只想短線操作基金，抱 3 個月到 6 個月就算長期了。即使有些人抱牢一年，但眼看著其它的基金快速上漲，自己手中的基金不動如山，就開始天人交戰，甚至抱怨當時推薦買進的朋友或理專。

我仔細觀察 2008 年金融風暴前後的全球股市走勢，確實發現，除了採用春夏秋冬投資術，觀察經濟景氣循環外，多注意股價指數這個領先指標，也可以幫助投資人掌握投資大趨勢。

我們以中國上證指數為例，在 2007 年 11 月出現一根長黑線，又跌破 3 個月均線（季線），之後 2008 年 1 月又出現長黑線，並跌破 6 個月均線（半年線），顯示出相當的警訊。中長線投資人看到類似訊號，若能趕快賣出股票基金，就可躲過後續更大的跌幅。

而進到 2009 年 1 月、2 月，全球仍籠罩在金融風暴的陰影中，但上證指數卻陸續出現紅 K 線，同時在 2 月向上突破 3 個月均線，在 4 月突破 6 個月均線，顯示股市觸底回升。若在此時進場投資，就可賺到後續一波大漲行情。整體而言，2009 年上證指數約上漲 80%，許多中國基金的漲幅也超過七、八成。

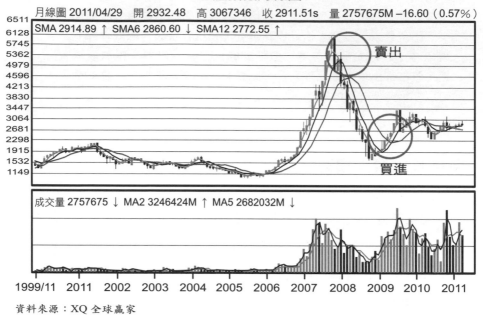

上證指數月線圖

月線圖 2011/04/29　開 2932.48　高 3067346　收 2911.51s　量 2757675M −16.60（0.57%）

SMA 2914.89 ↑ SMA6 2860.60 ↓ SMA12 2772.55 ↑

賣出

買進

成交量 2757675 ↓ MA2 3246424M ↑ MA5 2682032M ↓

1999/11　2011　2002　2003　2004　2005　2006　2007　2008　2009　2010　2011

資料來源：XQ 全球贏家

中期趨勢看周 K 線會有解答

　　但 2010 年中國股市卻出現了不漲反跌的現象，可說是表現最不好的市場。這個結果，能不能靠技術分析預先掌握？我們來觀察上證指數，確實在 2010 年 1 月出現一根黑 K棒，然後 4 月又出現一次，同時跌破 3 個月均線與 6 個月均線，股市呈現相對疲弱，一直到 7 月才出現回升的跡象。

　　若要掌握比較短期的波動，我們可以再多看一下周線指標。2010 年 1 月起，上證指數連續 5 周出現黑線，同時跌破 13 周均線與 26 周均線，也就是跌破季線與半年線，股市非常疲弱。如果在2009 年低點買進中國基金的投資人，在這個階段可以考慮先行獲

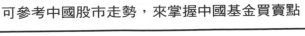

可參考中國股市走勢，來掌握中國基金買賣點

賣出

買進

20%

0%

-20%

-40%

-60%

-80%

2009　　　　2010

━━ 保誠中國基金（-2.79％）
━━ 上証指數（-46.63％）

資料來源：MoneyDJ 理財網（2008/01/01 ～ 2010/12/31）

利了結，落袋為安。

　　在周線訊號轉弱後，上海股市持續下探整理，一直到 2010 年
8 月才重新突破 13 周均線，10 月突破 26 周均線，確認上升行情再
次展開。先前空手的投資人，此時可以適度的買進中國基金。

股市有先有後，但整體趨勢一致

　　2008 年全球金融風暴後，我們以金磚四國為例，中國與巴西率
先領漲，在 2008 年底、2009 年初，首先出現跌深反彈，而印度、
俄羅斯等市場，則在美國股市 3 月觸底回升後，同時反彈上漲。

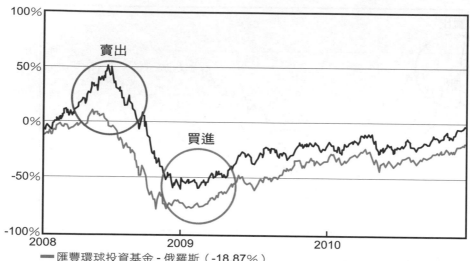

可參考油價走勢,來決定俄羅斯基金買賣點

賣出

買進

■ 匯豐環球投資基金 - 俄羅斯(-18.87%)
■ 布蘭特原油(現貨)(-2.78%)

資料來源:MoneyDJ 理財網(2008/01/01 ～ 2010/12/31)

　　但中國與巴西股市,在 2010 年 1 月、4 月都出現跌破 13 周均線與 26 周均線的現象,後續這兩國股市在 2010 年的表現都較為疲弱。而印度、俄羅斯股市的走勢則顯得強勁,印度股市一直到 2011 年 1 月,才出現跌破 13 周與 26 周均線。而俄羅斯股市只在 2010 年 5 月、6 月,因全球歐債風暴而下跌,但之後隨著油價持續攀升,呈現強勁走勢。

用技術分析緊盯市場,掌握趨勢轉折點

　　一般而言,股市是領先指標,如果在經濟景氣的最高峰,股市卻突然出現暴跌,投資人最好提高警覺,同時密切追蹤市場動向,

一旦有跌破月線或季線的現象時,最好先退出市場。但相反的,在金融風暴、經濟衰退期,股市卻出現大幅反彈回升,此漲勢若能延續,並能穿越季線,則是一個可以開始逢低布局的時點。因此,看技術分析做長線投資買賣點,確實有相當的參考性。

但投資人若想要抓股市中期波段,以周線走勢做短期的買進賣出操作,並不容易。因為,股市在行進過程中,有時會沿著均線上下波動,盤整一段相當長的時間,例如巴西股市在 2010 年的走勢。投資人如果只看技術分析做投資,很可能出現賣出後股市卻上漲,常常要追進殺出的現象,徒增交易成本,我想沒有人可以掌握得如此神準。

善用 StockQ 抓住國際股市與原物料走勢

目前幾乎主要的財經網站,投資人都可以查到主要國家股市指數與相關技術線圖,但還有一個網站 Stock Q 國際股市指數(http：//www.stockq.org),幫投資人更完整的整理了全球各國股市指數、多種商品原物料指數、各種 ETF、MSCI 各種分類指數,另外,還有各國匯率、各國公債殖利率……等。可說是一網打盡所有投資人需要知道的指數與趨勢。

投資人可以選擇有興趣的指數,再進一步查詢歷史走勢資料。由於此網站只是匯總整理,真正的資料來源是 Bloomberg 或是 StockCharts,想查進一步的資料,還可以再做深入查詢。

除此之外,MoneyDJ 理財網中,也有一個 iQuote 的功能,一樣涵蓋全球主要股市指數、債券、利率、匯率、商品、期貨、各類

產業指數……等，資訊相當完整，投資人可以善加利用。

　　投資人除了利用各種指標來掌握趨勢，注意市場是否過熱反轉，還可以利用指數來發掘潛力投資機會或避開風險。例如若觀察油價走勢，會發現油價走勢與俄羅斯股市的走勢幾乎同步。因此，在 2008 年 7 月油價由高峰下滑時，應該快速賣出俄羅斯基金，而在 2009 年 5 月之後，油價呈現穩步趨堅的走勢，就可以買進俄羅斯基金。

　　技術分析其實就是幫我們紀錄投資市場的軌跡，協助我們判斷市場的方向。投資學有基本面與技術面，基本面幫我們掌握經濟冷熱趨勢，技術面協助我們判斷進出點。這兩種功夫，想當投資高手都要學會。$

藏富

用技術分析，找基金買賣點

．立刻上場，精采的藏富人生等著你．

　　布蘭特原油價格在 2008 年金融風暴後，暴跌到每桶 35 美元，讓大家對高油價的擔憂，終於鬆了一口氣。在 2009 年全球股市從谷底強勁反彈下，油價始終維持在每桶 80 美元以下，甚至有些欲振乏力，讓大家覺得油價的問題似乎不用過度煩惱。但進入 2010 年第四季，油價卻忽然猛踩油門加速前行，在 2011 年 2 月突破 100 美元，並持續攀高，高油價的陰影再次籠罩。

　　另一種工業上大量使用的原物料銅，在 2008 年 12 月跌到每噸僅 2,800 美元，但之後快速回升，並在 2011 年 2 月創下 10,106 元的歷史高價，從低點算起漲幅超過 2.6 倍。

　　除了硬資產外，軟性農產品的價格也出現大幅飆漲的現象。例如棉花價格在 2008 年 11 月最低每磅為 40 美分，但到 2011 年 3 月，已經創下每磅 212 美分的歷史新高紀錄，漲幅 4 倍以上。而玉米 2008 年底最低每英斗 400 美分，2011 年 4 月已突破 750 美分，也將近 1 倍。

CRB 商品指數正快速攀升中

　　不管是黑黑的油、黃黃的玉米，地底下的、地面上的，軟的硬的，各種的天然資源價格都大幅上漲，通膨的壓力再次籠罩全球。

奇芬教你把錢藏起來

當景氣最高峰時，對各種原物料的需求暴增，推升原物料價格大幅上揚，同時帶來極大的通貨膨脹壓力，讓政府不得不採取各種手段來降低通膨，其中，最重要的做法就是提高利率。當各國央行紛紛祭出快速升息的手段後，最終可能成為壓垮駱駝的最後一根稻草。

如果我們來看各種商品原物料總合的 CRB 商品指數（Commodity Research Bureau），也可以感受到原物料價格上漲的壓力。CRB 商品指數是由美國商品研究局編制，用來衡量各種商品價格波動，上一波最高點出現在 2008 年 7 月，指數高點為 472。

在金融風暴後，CRB 指數最低跌到 200 點，但在 2011 年 4 月已經突破 370 點了，這已經突破上波景氣最高峰 2007 年底時的位置 360 點左右。雖然距離上波最高點還有一些空間，但其實已經處在警戒區範圍了。

2007 年通膨壓力大，股市見高點

我們從經濟景氣循環的規律來看，當經濟持續成長時，會推升各種原物料的需求增加，讓原物料價格上揚。而到景氣最高峰時，對各種原物料的需求暴增，更推升原物料價格的再次上揚。

但此同時，將帶來極大的通貨膨脹壓力，讓政府不得不採取各種手段來降低通膨，其中，最重要的做法就是提高利率。而當各國央行紛紛祭出快速升息的手段後，不僅對過熱經濟產生抑制效果，最終也可能成為壓垮駱駝的最後一根稻草。

油價攀升，是投資市場的警訊

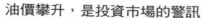

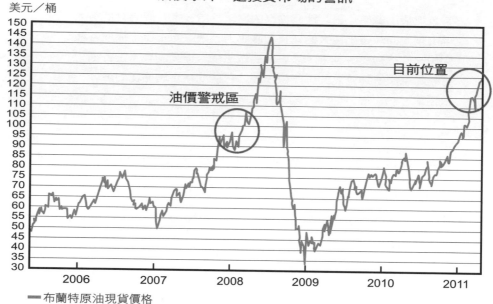

美元／桶

油價警戒區

目前位置

150
145
140
135
130
125
120
115
110
105
100
95
90
85
80
75
70
65
60
55
50
45
40
35
30

2006　　　2007　　　2008　　　2009　　　2010　　　2011

■布蘭特原油現貨價格

資料來源：XQ 全球贏家（2005/05/12 ～ 2011/05/03）

原物料指數，在相對高檔區

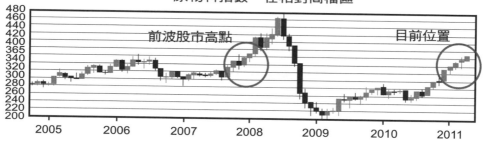

前波股市高點

目前位置

480
460
440
420
400
365
340
320
300
280
260
240
220
200

2005　　　2006　　　2007　　　2008　　　2009　　　2010　　　2011

■CRB 指數 K 線圖

資料來源：XQ 全球贏家（2004/09/01 ～ 2011/05/03）

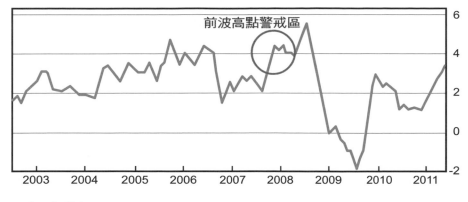

美國消費者物價指數（CPI）上升中

前波高點警戒區

2003　2004　2005　2006　2007　2008　2009　2010　2011

━CPI 年增率

資料來源：XQ 全球贏家（2002/06/01 ～ 2011/05/31）

　　我們舉 2007 年、2008 年經濟大反轉階段為例。2007 年初，油價每桶才在 54 美元左右，到 2007 年底則已經竄升到 98 美元。而此同時，CRB 商品指數也從 2007 年初的 300 點，在年底來到 358。

　　但此同時，我們看美國的消費者物價指數，從 2007 年初的 2.1% 到 2007 年底衝到 4.1%。美國聯準會的聯邦基金利率，則是從 2005 年起就加快升息腳步，到 2006 年 6 月已經升高到 5.25%。因為擔心企業已經無法再承受更高的利率壓力，因此，在 2007 年並沒有進一步升息。但原物料價格高、通膨高、利率高，則讓美國股市在 2007 年 10 月見頂。

　　同樣來看中國的情況，2007 年初中國消費者物價指數為 2.2%，到 2007 年底則攀高為 6.5%。在這段期間內，中國的重貼現率從 2.75% 升高到 3.38%。中國股市最高點也一樣出現在 2007 年 10 月。

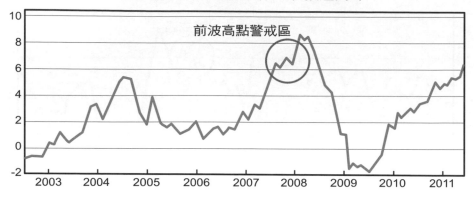

中國消費者物價指數（CPI）接近高峰

前波高點警戒區

■居民消費價格指數年增率

資料來源：XQ 全球贏家（2002/06/01 ～ 2011/06/30）

又到通膨壓力高點，注意賣出訊號來了

全球氣候劇烈變動，對軟性農產品生產帶來不小的衝擊，農產品價格居高不下，甚至帶來了北非國家的茉莉花革命。而另一方面新興國家的快速成長與建設，也對各種礦產與天然資源的需求欲小不易。因此，原物料價格上揚將是長期難以解決的難題。

當所有原物料價格過度飆漲後，自然對於企業經營成本帶來壓力，也讓民眾的購買力降低，最終將以經濟衰退來調整。因此，原物料價格攀高，其實是投資市場的重大警訊，也就是投資人要注易找賣點的時機。

以目前的數據來看，美國 2011 年 5 月 CPI 指數來到 3.4％水準，中國的 CPI 指數 6 月更竄高到 6.4％ 的高水準了。此外，巴西 2011 年 6 月的通膨率高達 6.71％，已經達到該國央行設下的年度上

限 6.5% 的警戒點，而印度 5 月的通膨數據在 8.7% 高水準。

　　預估巴西 2011 年的經濟成長率為 4.5%，但通膨率卻高達 6.7%，而印度預估今年經濟成長率為 8.6%，通膨率已經升高到近 9%。而中國預估今年經濟成長率可能在 9% 以下，但目前通膨率已經攀到 6% 以上。

　　從多項數據來看，通膨壓力已經讓經濟成長步伐大受影響。而投資市場，要記得在通膨怪獸來臨前下車的鐵律，也值得投資人提高警覺了。 $

通膨過熱，要注意下車訊號

・立刻上場，精采的藏富人生等著你・

小心，景氣秋天悄悄來臨了

　　從 2008 年以來，投資人一直處在驚濤駭浪的情緒中，一波未平一波又起。2008 年 9 月雷曼兄弟破產，全球金融商品過度槓桿撐起的泡沫一次戳破，全球陷入金融恐慌中，甚至還導致如冰島國家破產危機。2009 年投資人還在療傷止痛中，但在各國政府同步降低利率、釋出資金的積極拯救行動下，全球股市卻走出一波到底的大反彈行情。

行情總在不可思議中成長，在希望中破滅

　　等投資人感覺市場恐慌已過，在 2010 年開始入市時，5 月又爆發南歐債務危機，讓投資人才進場就套牢。還好 2010 年全球經濟大幅成長，經濟衰退危機解除，股市整理後再呈強勁走勢。

　　進入 2011 年，原先期待一個豐收好年，沒想到 3 月來一個日本地震海嘯加核災，5 月又來一個歐豬五國債務危機，同時，在過去幾年為了拯救經濟砸大錢的美國，也陷入舉債上限已經到天花板 14.3 兆美元的天險。再加上高經濟成長的中國市場，因為高通貨膨漲而出現停滯性成長危機。經濟成長的火苗才起，但似乎面臨重重的難關。

奇芬教你把錢藏起來

基金投資人不要頻繁進出，但要小心觀察全球經濟景氣是否處在繁榮的高峰期，一旦景氣過熱、有邁入深秋楓紅跡象時，要比別人早一步減碼股票型基金，轉進保守的債券型基金與現金，才能持盈保泰。密切追蹤六大指標，讓你當投資市場的老先覺。

我一再強調，基金投資人不要頻繁進出，但要小心觀察全球經濟景氣是否處在繁榮的高峰期，一旦景氣過熱、有邁入深秋楓紅跡象時，投資人要能比別人早一步，減碼股票型基金，轉進較為保守的債券型基金與現金，才能持盈保泰。所謂「會賣的才是師父」，何時應該優雅的出場，才是投資人最大的挑戰。

六大指標，密切掌握景氣動向

以目前全球謹慎以待的情緒，顯示景氣方向不明，但秋天氣息似乎越來越濃，至於，全球景氣是走到夏末初秋，還是秋涼冬近？投資人不妨追蹤以下幾個指標動向來做判斷。

指標一：經濟成長率有趨緩現象

根據 IMF 2011 年 4 月所做的預測，2011 年全球經濟成長率為4.4%，2012 年則為 4.5%，若根據此預測來看，經濟景氣仍將持續成長並未反轉而下。但是，不管是歐洲或是美國，都面臨大幅降低政府赤字預算的壓力，在缺乏政府大量利多刺激下，2012 年的經濟成長力道能否持續，則有待後續觀察。

美國 ISM 製造業採購經理人指數，有下彎跡象

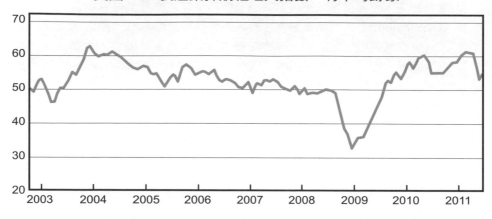

■ 美國 ISM 採購經理人指數

資料來源：XQ 製造業全球贏家（2002/09/01 ～ 2011/06/30）

中國採購經理人指數（PMI），接近多空臨界點

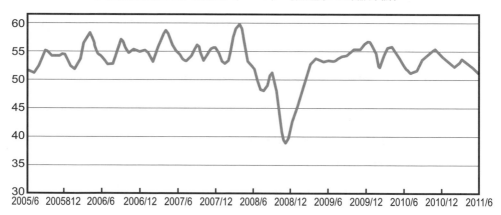

■ 中國製造業採購經理人指數

資料來源：XQ 全球贏家（2005/06/01 ～ 2011/06/30）

指標二：各種工業生產指數有下彎跡象

不管是美國、德國、中國等的 ISM 採購經理人指數，都出現從高檔下彎的走勢，雖然尚未跌破景氣榮枯界線，但卻不得不小心追蹤。一旦出現跌破 50 關卡，投資人最好採取保守策略。

指標三：部分國家利率已經大幅拉高

除了美國利率仍維持在 0 至 0.25% 的低水準外，歐洲央行為控制通膨，已經開始升息，即使成熟國家的升息腳步緩慢，但巴西、印度、中國等新興國家則是多次升息，目前利率水準已經進入值得密切觀察的警戒區了。

指標四：通貨膨脹率，也進入警戒區

物價上漲率是各國央行決定是否提高利率的重要參考指標，目前包括巴西、印度、中國等，都因為通膨率上揚而持續升息。在前面文章已經分析，部分國家的通膨問題已經進入警戒區，對投資市場未來發展帶來不小壓力。

指標五：部分股市已經創下歷史新高

這一波股市回升，漲幅最大的市場是東協國家，包括印尼、泰國、馬來西亞、菲律賓，這幾個股市都已經創下歷史新高紀錄。此外，巴西、印度、俄羅斯股市也分別在 2010 年底與 2011 年 4 月，創下接近上波股市高點的位置，美國與德國股市 2011 年 5 月的指數位置，距上波高點僅剩一成左右的空間。

唯一比較弱勢的股市是中國與澳洲，距離上波高點較為遙遠，

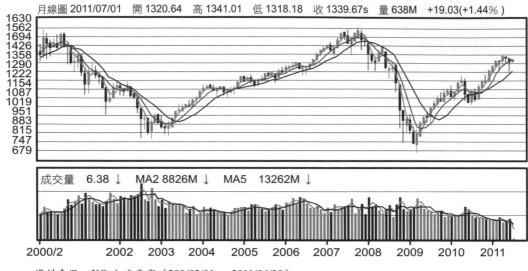

美國 S&P500 指數月線圖，已逐步接近前波高點

月線圖 2011/07/01　開 1320.64　高 1341.01　低 1318.18　收 1339.67s　量 638M　+19.03(+1.44%)

成交量 6.38 ↓	MA2 8826M ↓　MA5 13262M ↓

2000/2　　2002　2003　2004　2005　2006　2007　2008　2009　2010　2011

資料來源：XQ 全球贏家（200/02/01 ～ 2011/06/30）

　　而台灣股市從指數空間來看，距上波高點還有一成，但從總市值來看，2010 年 12 月台股總市值達 23.8 兆元，已經突破上波高點 23.6 兆了（2007 年 12 月）。

　　換句話說，目前全球股市的價位都處在接近歷史高點的位置，也就是股票一點都不便宜了。甚至，中國、澳洲、巴西三個股市，都在 2010 年 4 月到 6 月出現月線連三黑，2011 年 3 月又有一波連三黑走勢，幾個原物料出口與進口大國，股市顯得特別疲弱，也是一個值得注意的警訊。

指標六：人氣指標，定時定額人數創新高

　　投資人氣經常是市場的反指標，根據過去經驗，每次基金投資人數創新高時，都已經是股市的反轉點了。以上一波為例，股市最

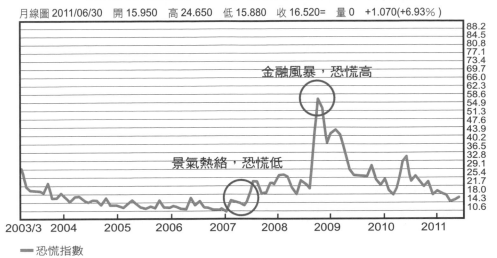

投資人恐慌指數（VIX）在相對低檔，是市場反指標

月線圖 2011/06/30　開 15.950　高 24.650　低 15.880　收 16.520=　量 0　+1.070(+6.93％)

金融風暴，恐慌高

景氣熱絡，恐慌低

2003/3　2004　　2005　　2006　　2007　　2008　　2009　　2010　　2011

■ 恐慌指數

資料來源：MoneyDJ 理財網 - iQuote（2003/03/01 ～ 2011/06/30）

　　高點是 2007 年 10 月，但定時定額投資人數最高達 62.7 萬人，而且出現在 2008 年 5 月，落後股市最高點近半年之久。而根據投信投顧公會統計的資料，2011 年 5 月台灣定時定額投資人數達 64.9 萬人，創下歷史新高紀錄，這是否也是接近股市最高點，或是高點已過的訊號呢？值得注意。

　　此外，國際市場上投資人恐慌指數（VIX），也是用來觀察市場是否過熱的反指標，2011 年 5 月、6 月雖然恐慌指數些微上揚，不過從歷史軌跡來看，仍處在相對低檔，和上波景氣高點 2007 年上半年的位置差不多。通常恐慌指數越低，市場反轉的風險越高，也值得投資人提高警覺。

真的會有超完美風暴嗎？

2011 年 5 月，全球投資市場再次面臨緊張氣氛，主要來自於南歐五國債務危機，以及美國、中國經濟放緩的擔憂。此時，被稱為末日博士的魯比尼（Nouriel Roubini）在 6 月中旬於新加坡的一場演講中指出，全球經濟在 2013 年有三分之一的機會，面臨一場完美風暴（perfect storm）。魯比尼指出，美國財政赤字大幅膨脹、中國經濟成長放緩、歐洲債務重整、日本經濟疲弱，可能形成四大風暴，並在 2012 年中開始顯現，在 2013 年襲擊全球。

雖然魯比尼預言風暴的時間在 2013 年，而且他認為有三分之一的發生機會，似乎仍然期待有化解或是舒緩的可能性，但是他點出的問題，確實也是眾所周知的危機，目前全球政府都在小心應付，看要如何拆解這些未爆彈。

不過，在處理上波金融危機下，各國政府採取的降低利率、釋出資金、大舉擴大財政赤字救經濟的這些手段，都陸陸續續面臨退場或是無法再擴大實施的狀況。而資金過度氾濫引發的通膨後遺症慢慢顯現，民眾消費力量受限、企業復甦力道疲弱，因此，後續要靠什麼力量來推動經濟大幅成長，似乎無法太過樂觀。

歐美難解債務危機

首先，歐債危機仍未解除。包括希臘，西班牙、義大利、葡萄牙、愛爾蘭等問題，仍有高度風險。此外，法國、德國的地方政府債務問題危機，也日漸升高。

其次，美國政府舉債已達上限，未來舉債能力受限。近期雖將討論調高債務上限，但只能解決短期危機。要解決長期債務惡化問題，必須縮減每年財政赤字規模，目標在十年內縮減 4 兆美元債務，在必須節衣縮食下，美國並沒有帶動經濟大幅成長的仙丹妙藥。

中國也有潛藏風暴

另外，中國的地方政府債務危機，已逐漸突顯。據統計中國地方政府債務累積高達 10 兆人民幣，有些地方政府已經無法支付債務，而必須再發新債。此外，瑞穗證券的分析師指出，中國銀行業放款規模過大，已經超過銀行的資產負債表，一旦遇到景氣下滑、逾放比上升，銀行業將面臨極大風險。

為控制通膨，中國政府採取宏觀調控，將存款準備率提高到 21%，對銀行放款強力緊縮，但此對企業借款產生了巨大壓力。據聞，已經有些中小企業因為借不到錢，而有倒閉危機。此外，有些房地產開發商因為從金融機構借不到錢，而開始在海外發債。根據一家數據公司 Dealogic 統計，2011 年 1 到 5 月中國地產公司海內外發債金額高達 92 億美元，是去年同期的三倍金額。目前高收益債券市場火熱，但未來若房地產市場反轉，部份開發商出現經營危機，也可能造成高收益債券市場的連鎖危機。

新興市場泡沫危機增溫

目前全球目光焦點都放在美國與歐債的債務危機，但是國際

清算銀行（BIS）在 2011 年 6 月底卻跳出來警告，新興國家也像先進國一樣，大幅累積債務與資產泡沫風險，有可能引發金融危機。BIS 表示：「部分新興市場如中國、印度和巴西，房地產價格正高速上升，私人企業債務同樣高速增長。新興市場決策者應了解到，金融危機不會只在先進經濟體出現。」

在此同時，前美林證券（Merrill Lynch）首席投資策略師 Richard Bernstein 也警告，新興市場 2011 年面臨「巨大的」風險，而投資人卻持續忽視不斷升溫的通貨膨脹壓力及信貸泡沫，反而以為風險在美國。

目前自己開設投顧公司的 Bernstein，引用巴西及印度公債殖利率曲線，在 2011 年 6 月雙雙呈現倒置現象（即短期利率增幅超越長期殖利率），來支持其論點。他指出，空頭市場風險升高的現象，並不是出現在升息的初期，而是發生在央行過度緊縮時，即當殖利率曲線倒置的時候，投資市場的風險將大大增高。他表示，殖利率曲線倒置最嚴重的國家，是希臘、愛爾蘭及葡萄牙等歐債危機國；但如今印度及巴西竟也出現同樣情況，值得投資人提高警戒。

美元轉強的危機

種種跡象顯示投資市場的風險在逐步上升，投資人應該用更謹慎與嚴肅的態度，來看待這些值得注意的訊號。除此之外，由於美元的弱勢，各國貨幣相對美元都大幅升值，並已接近歷史高價區，未來貨幣還有多少升值空間？而一旦美元開始升息或金融恐慌升高，資金流向美元，將對新興市場幣值帶來貶值壓力。而此是否進

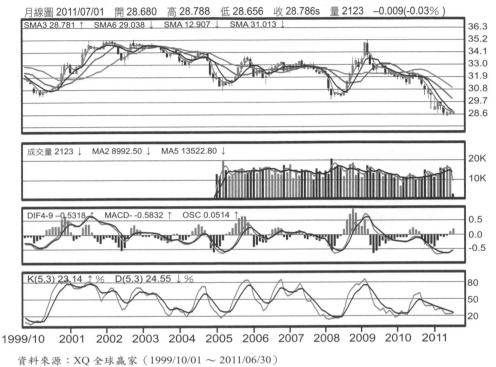

新台幣創近十四年新高紀錄，還有多少升值空間

月線圖 2011/07/01　開 28.680　高 28.788　低 28.656　收 28.786s　量 2123　−0.009(-0.03％)

SMA3 28.781 ↑　　SMA6 29.038 ↓　　SMA 12.907 ↓　　SMA 31.013 ↓

成交量 2123 ↓　　MA2 8992.50 ↓　　MA5 13522.80 ↓

DIF4-9 −0.5318 ↑　　MACD- -0.5832 ↑　　OSC 0.0514 ↑

K(5,3) 23.14 ↑ ％　　D(5,3) 24.55 ↓ ％

1999/10　2001　2002　2003　2004　2005　2006　2007　2008　2009　2010　2011

資料來源：XQ 全球贏家（1999/10/01 ～ 2011/06/30）

一步影響國際熱錢大舉撤出新興市場股、債市，也值得提高警覺。

以目前來看，2011 年全球經濟還不至於出現惡化危機，而美歐債務問題，則可透過協商方式展延，預估財政危機可暫時化解。再加上近期中國政府表示通膨將在可控制範圍，並積極推出保障房政策，顯示政府仍積極營造景氣榮景，因此，下半年投資市場不致立刻反轉。

但是，隨著歡樂的歌聲響徹雲霄，投資人也要開始居高思危，密切注意我前面提到的幾個指標發展動向。如何在秋天最美麗的時節漂亮出場，將是決定誰才是最後贏家的關鍵。$

未來十年，不可忽視的四大趨勢產業

經過 2008 年金融海嘯資產大跌，以及 2009 年經濟衰退、股市大漲的震撼教育後，投資人學到什麼呢？即是投資市場永恆不變的真理：「在市場一片樂觀中漂亮出場，在市場恐慌時勇敢進場。」

上一波如果能在 2007 年底景氣最高峰時，勇於退場的投資人，就有機會躲過 2008 年 9 月的全球金融風暴。但更重要的是，當出現全球金融危機時，手上有現金的投資人，才有能力進場撿便宜。只要是在 2008 年底到 2009 年上半年之間進場的投資人，一年內投資報酬率超過 50% 的可說是輕而易舉，有些甚至可高達100%，這才是投資最甜美的時光。

我們不知道下一次金融風暴何時發生，但重要的是，要先準備好資金，等待下一波賺錢機會來臨。

股災之後，買什麼都能賺

如果股市真有大回檔機會出現時，應該要優先佈局那些市場或是標的呢？如果我說，什麼都可以買，投資人可能覺得我很不負責任，但是，如果你認真研究 2009 年全球股市與基金走勢，你會發現不管是股票還是債券，不管是美國還是歐洲、亞洲，全面性的跌

奇芬教你把錢藏起來

我們不知道下一次金融風暴何時發生，但重要的是，要先準備好資金，等待下一波賺錢機會來臨。如果股市真有大回檔機會出現時，我建議投資人最好採取美、歐、亞三大區塊都佈局的方式，去掌握跌深反彈的行情。除此之外，四個未來十年當紅的產業趨勢，值得你注意。

深反彈，亂射飛鏢都會賺錢。

我建議投資人最好採取美、歐、亞三大區塊都佈局的方式，去掌握跌深反彈的行情；不管是新興市場或是成熟國家，債券或是股票都可以均衡佈局。願意承擔高風險的投資人，可以將新興市場或是中小型基金、原物料基金、高收益債券作為投資主軸。較保守的投資人，則可以選擇全球型產品穩健投資。

投資人不彷多觀察國際經濟研究機構，如 IMF、世界銀行、OECD 等，對於每個區域或國家經濟未來成長率的預測，作為自己投資重心的參考。但整體而言，我認為全球經濟未來十年，有四個不可忽略的趨勢，值得在下一波投資佈局。

你不能忽略的四個大趨勢

第一，新興國家中產階級崛起，消費產業紅不讓

根據 Global Insight 的推估，2020 年全球前五大 GDP 國家，除了美國之外，另外前四名分別為中國、日本、印度、巴西。而且，中國 GDP 規模將達 22.9 兆美元，是 2010 年的四倍，並將與美國規模相當，而印度與巴西的 GDP 也將達到 6.2 兆、5.4 兆美元的規

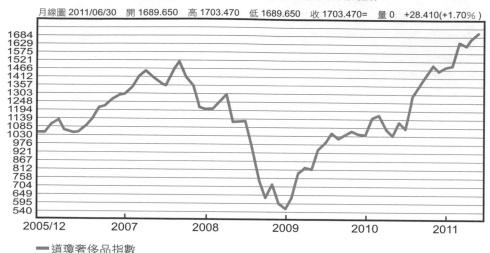

道瓊奢侈品指數，已經突破前波高點

月線圖 2011/06/30　開 1689.650　高 1703.470　低 1689.650　收 1703.470=　量 0　+28.410(+1.70%)

── 道瓊奢侈品指數

資料來源：MoneyDJ 理財網 - iQuote（2005/12/01 ～ 2011/06/30）

模。由此可知，新興國家的成長力道與規模，將遠高於成熟國家。

　　新興國家的高速發展，將帶動中產階級大幅成長、消費力大
增。據 Brookings Institution 預估，2020 年亞洲中產階級人口將達
32 億人，占全球中產階級 66%，也就是消費主力將出現在亞洲新
興國家。而且預估中國加印度，可占全球中產階級消費金額 25%。
不管是消費電子產品或是全球精品，新興國家都將成為購買主力。

　　看此趨勢，全球精品產業紛紛把業務重心移向亞洲，包括
Prada、歐舒丹、Jimmy Choo 等品牌，都到港股掛牌，LV 也將
2012 年的業務發展重心放在中國市場，可以想見這股消費勢力。

【投資焦點】投資人不彷留意亞洲區域型基金，或是消費品牌基
金、精品基金的長線成長潛力。若以單一國家來看，中國、印度的
成長動能，仍值得注意。

第二，氣候變遷加劇，天然資源與節能產業長線看好

2011 年全球人口已經超過 70 億人，而聯合國預估，2050 年全球人口將突破 90 億人，人口持續成長對於自然資源的消耗更形惡化。再加上新興國家工業化過程，對於天然資源的使用大幅增加，長期而言，原物料將面臨供給不足、價格上揚的挑戰。

而此同時，天然資源的大量使用帶來環境破壞、造成地球暖化，嚴峻的氣候變遷已成為全體人類必須面對的巨大風險。2011 年日本地震引發的海嘯、美國頻繁發生的龍捲風，智利、印尼、冰島都傳出火山爆發，再加上各地頻繁傳的乾旱與水災……，電影「2012」的情景在真實社會上演，節能減碳呼聲也迫在眉睫。

在日本地震後，德國已經決定放棄核能發電，日本也提出未來每戶家庭屋頂都要裝設太陽能發電，雖然歐洲國家在財務緊縮下，對替代能源的補貼方案縮水不少，但是降低環境破壞、替代能源、節能減碳產業，將是未來十年的顯學則無庸置疑。

前一波金融風暴發生後，天然資源、原物料基金都大幅下跌，跌幅可高達六到七成以上，屬於高風險投資類別，但之後隨著原物料價格大幅反彈，基金淨值也回到接近 2008 年的高點。相較之下，替代能源基金的表現則仍然落後許多，因此讓投資人對這類基金相當失望。但在聯合國氣候變化綱要公約的要求下，各國必須要落實二氧化碳減排目標，將溫度上升控制在兩度以內。特別在經歷眾多天災之後，環境保護議題更顯迫切，相關產業將具有長線成長潛力。

【投資焦點】天然資源基金與替代能源基金，一般都呈現同向的走勢，原物料價格越高，對於替代資源的需求也越大。隨著生產成本

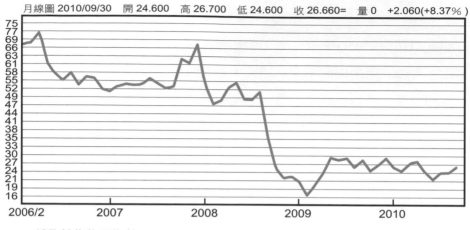

ISE 替代能源指數距離前波高點仍遠，但底部已逐漸墊高

月線圖 2010/09/30　開 24.600　高 26.700　低 24.600　收 26.660=　量 0　+2.060(+8.37%)

■ISE 替代能源指數

資料來源：MoneyDJ 理財網 - iQuote（2006/02/01 ～ 2011/06/30）

降低，部分替代能源產業的成長性，將慢慢落實。投資人可以在原先計畫投資天然資源基金的資金比重中，挪出小部分來投資替代能源基金，長期追蹤類股表現，再決定是否提高投資比重。

第三，智慧生活如影隨形，科技產業持續成長

不管是美國的蘋果電腦還是台灣的宏達電，都是 2011 年最紅的話題。他們的崛起，代表智慧型手機快速成長，加上平板電腦、雲端運算，數位生活時代已經來臨。

根據台灣拓墣產業研究所預估，2010 年全球智慧型手機出貨量約 2.9 億支，但到 2014 年將成長為 7.95 億支，顯示智慧型手機的高速成長動能。而智慧手機代表的是行動工作、行動娛樂、行動消費的普及，此背後更推動了雲端產業的發展。在 2011 年的漢諾

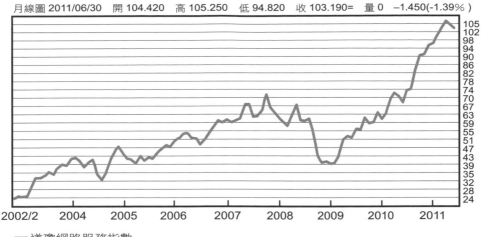

道瓊網路服務指數，已大幅超越前波高點

月線圖 2011/06/30　開 104.420　高 105.250　低 94.820　收 103.190=　量 0　−1.450(−1.39%)

— 道瓊網路服務指數

資料來源：MoneyDJ 理財網 - iQuote（2002/12/01 ～ 2011/06/30）

威電腦展中，更以「在雲端中工作與生活」為主題，顯示未來相關應用發展將有大幅成長空間。

　　不管是智慧手機、平板電腦、電子書、智慧電視等硬體設備，將持續推陳出新，軟體的應用更是百花齊放，從 google、facebook、groupon 等快速成長，都可以看到創新成長動能。

【投資焦點】資訊科技類基金，或是在台股基金、美股基金中尋寶。由於台灣是資訊產業生產重鎮，在硬體製造上台灣企業擁有較大優勢，台灣投信發行的台股基金與資訊科技產業基金，多以投資台股占大宗，較偏向資訊硬體設備公司。若是由境外基金公司發行的科技基金，則投資範圍會較廣，可能以美股為主，特別是資訊產品品牌企業或是軟體公司、網路公司，美國才是市場主導者，因此也可考慮投資海外科技基金、美股基金來擴大投資範圍。

第四，長壽風險與銀髮商機，生技與健康護理當道

根據內政部統計，民國 98 年台灣人平均餘命為 78.97 歲，比民國 84 年增加了 4.44 歲。若以每年平均餘命增加 0.3 歲計算，30 年後平均餘命可能比目前多 9 歲，也就是壽命超過 90 歲的機會是很高的。長壽代表對於健康護理與生物科技產業的需求提高，因此，這兩個產業趨勢值得密切注意。

生物科技被視為 21 世紀重要產業技術之一，各國政府多投入相當資源發展，新創公司也快速成長。關於生技產業發展可分為四大領域，醫藥生技產業、農業生技產業、特化生技產業、環境生技產業等，範圍相當廣泛。整體而言，生技產業仍在發展萌芽期，市場規模仍小，並受到各國政府嚴格管制、且產品開發期間長，屬於較高風險的產業。健康護理產業則偏重於醫療護理設備、健康護理服務、藥品、食品等。隨著戰後嬰兒潮人口即將步入退休年齡，未來醫療設備與健康照護產業將持續成長。

由於生技基金與健康護理基金，在過去幾年表現並不亮麗，因此並未受到投資人重視。不過從 MSCI 生技指數與健康護理指數來看，這兩個產業的指數呈現長期上升趨勢，並已經突破 2000 年、2007 年的高點，在 2009 年起漲的這一波行情中，更顯得相當強勁，產業族群正蓄勢發展中。

【投資焦點】健康護理基金較偏重醫療設備、照護產業，一般而言較為穩健，而生技基金投資焦點則來自於新藥通過的創新研究能力，爆發力較強風險也較高。不過有些健康護理基金也會投資生技產業，這兩者並無法完全區隔，投資人最好先看基金說明書與持股比重，才能掌握該基金特性。

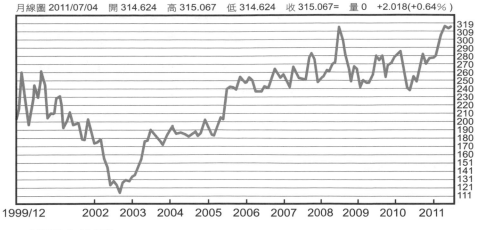

MSCI 生技指數突破前波高點

月線圖 2011/07/04　開 314.624　高 315.067　低 314.624　收 315.067=　量 0　+2.018(+0.64%)

1999/12　2002　2003　2004　2005　2006　2007　2008　2009　2010　2011

━ MSCI 生技指數

資料來源：MoneyDJ 理財網 - iQuote（1999/12/01 ～ 2011/06/30）

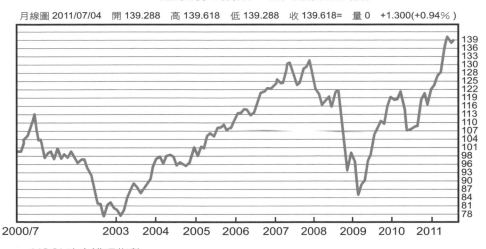

MSCI 建康護理指數，已突破前波高點

月線圖 2011/07/04　開 139.288　高 139.618　低 139.288　收 139.618=　量 0　+1.300(+0.94%)

2000/7　2003　2004　2005　2006　2007　2008　2009　2010　2011

━ MSCI 建康護理指數

資料來源：MoneyDJ 理財網 - iQuote（2000/07/01 ～ 2011/06/30）

各類產業基金報酬率

單位：%

類別 ＼ 時間	3 個月	6 個月	1 年	3 年	5 年
黃金貴金屬	-12.16	-14.55	-2.96	12.04	63.39
天然資源	-11.20	-6.69	13.06	-26.13	15.07
資訊科技	-3.40	-5.17	5.31	5.23	18.03
生物科技	2.30	2.05	9.81	4.38	9.81
醫藥與健康護理	3.13	3.91	7.00	6.65	6.14
周期性消費品及服務	3.95	0.04	21.71	24.87	14.75

資料來源：理柏 Lipper（統計至 2011/06/24）
【說明】報酬率（％）為同類基金平均數，以新台幣報酬率計算。

投資產業基金，小心波動性較大

以上幾個大趨勢，是從產業發展角度觀察，和過去幾年投資市場流行的國家型基金與區域基金並不相同。產業基金投資標的可以跨越國界，選擇全球最具競爭力的企業來投資，但因為集中在同一產業，所以風險也相對較高、波動性較大。

若以過去五年報酬率來看，只有黃金貴金屬基金的表現較佳，其他類產業表現並不算突出。不過，在 2009 年以來的上升行情中，消費產業基金明顯上揚，而生技基金則在 2011 年後大幅成長，頗值得未來持續關注。

投資人最好先做好基金投資組合規劃，在一定投資比重中，選擇最有興趣的一到二種產業基金投資，不需什麼都買。最好等待下一波股市大跌後再做佈局。此外，生技、替代能源等這類還在發展中的產業，可用定時定額的方式投資，更能發揮降低風險的效果。**$**

【你的藏富筆記本】